Exerçons-nous

Conjugaison

350 exercices - 1 000 verbes à conjuguer

J. Bady, I. Greaves, A. Petetin
Professeurs aux Cours de Civilisation
française de la Sorbonne

CORRIGÉS

http://www.fle.hachette-livre.fr

Maquette de couverture : V.O.
Maquette intérieure et réalisation : MOSAÏQUE

ISSN : 1142-768X
ISBN : 2-01-15-5067-X

ÊTRE
Présent de l'indicatif p. 5

1

Je suis,
tu es,
il (elle) est,
nous sommes,
vous êtes,
ils (elles) sont à Paris.

2

1. Tu es
2. Nous sommes
3. Vous êtes
4. Elle (il) (c') est
5. Je suis
6. Ils (elles) sont
7. Il (elle) (ce) n'est pas
8. Tu n'es pas .

3

1. Il est beau, elle est blonde.
2. Peter et Alexandre sont... .
3. ..., vous êtes mes amis.
4. Toi, tu es anglais, moi, je suis belge.
5. ..., nous sommes grands.
6. Brigitte et Jean sont... .

4

1. Il n'est pas à la maison.
2. Tu n'es pas au restaurant.
3. Nous ne sommes pas en Asie.
4. Vous n'êtes pas dans le jardin.
5. Elles ne sont pas chez le coiffeur.
6. Je ne suis pas au téléphone.

5

1. Est-ce que tu es (Es-tu) à l'heure ?
2. Est-ce que nous sommes (Sommes-nous) en retard ?
3. Est-ce que je suis (Suis-je) en avance ?
4. Est-ce qu'il est (Est-il) d'accord ?
5. Est-ce qu'ils sont (Sont-ils) mariés ?
6. Est-ce qu'elles sont (Sont-elles) libres ?
7. Est-ce que vous êtes (Êtes-vous) contents ?
8. Est-ce qu'elle est (Est-elle) prête ?
9. Est-ce que tu es (Es-tu) amoureux ?
10. Est-ce que c'est (Est-ce) loin ?
11. Est-ce que c'est (Est-ce) une fleur ?
12. Est-ce qu'elle est (Est-elle) belle ?

6

1. Est-ce que c'est (Est-ce) un beau garçon ?
   Non, ce n'est pas un beau garçon.
2. Est-ce que ce sont des enfants ?
   Non, ce ne sont pas des enfants.
3. Est-ce que c'est (Est-ce) un mauvais roman ?
   Non, ce n'est pas un mauvais roman.
4. Est-ce que c'est (Est-ce) une jolie fille ?
   Non, ce n'est pas une jolie fille.
5. Est-ce que ce sont des gens honnêtes ?
   Non, ce ne sont pas des gens ... .
6. Est-ce que c'est (Est-ce) le bon moment ... ?
   Non, ce n'est pas le bon moment ... .
7. Est-ce que c'est (Est-ce) un nouveau disque ?
   Non, ce n'est pas un nouveau disque.
8. Est-ce que c'est (Est-ce) une bonne époque ... ?
   Non, ce n'est pas une bonne époque ... .
9. Est-ce que c'est (Est-ce) la fin des vacances ?
   Non, ce n'est pas la fin des vacances
10. Est-ce que ce sont les horaires des trains ?
    Non, ce ne sont pas les horaires ... .

7

1. Oui, elle est bonne.
   Non, elle n'est pas bonne.
2. Oui, je suis espagnol.
   Non, je ne suis pas espagnol.
3. Oui, il est gentil.
   Non, il n'est pas gentil.
4. Oui, c'est un bon livre.
   Non, ce n'est pas un bon livre.
5. Oui, c'est en France.
   Non, ce n'est pas en France.
6. Oui, nous sommes prêts.
   Non, nous ne sommes pas prêts.
7. Oui, ils sont drôles.
   Non, ils ne sont pas drôles.
8. Oui, je suis pressé.
   Non, je ne suis pas pressé.

8

1. C'est un animal sauvage.
2. Elle est amusante.
3. Ils sont légers.
4. Ce sont des histoires dramatiques.
5. Elles sont intéressantes.
6. C'est une élection importante.
7. Elle est sportive.
8. C'est un grand restaurant.
9. Ce sont des amis d'enfance.
10. Il (elle) est sympathique.
11. Ce sont des vêtements d'été.
12. C'est un Danois.
13. C'est un beau cadeau.
14. Ils sont intelligents.
15. Ce sont des candidats sérieux.
16. Il est suédois.

AVOIR
Présent de l'indicatif p. 7

1

J'ai,
tu as,
il (elle) a,
nous avons,
vous avez,
ils (elles) ont faim.

2
1. Vous avez
2. Il (elle) a
3. J'ai
4. Ils (elles) ont
5. Nous avons
6. Tu as
7. Je n'ai pas
8. Il (elle) n'a pas

3
1. Nous avons une maison, ils ont un bateau, j'ai une voiture de course.
2. Tu as des problèmes, vous avez aussi des difficultés.
3. Ils ont deux enfants, j'ai un fils unique, il a les yeux bleus.
4. Est-ce que vous avez un jardin ? Oui, et nous avons des arbres fruitiers.
5. Est-ce que vos arbres ont des fruits ? Oui, ils ont beaucoup de cerises.

4
1. Fabrice n'a pas vingt ans.
2. Tu n'as pas froid.
3. Nous n'avons pas peur.
4. Vous n'avez pas l'heure.
5. Paola n'a pas faim.
6. Vous n'avez pas chaud.
7. Ils n'ont pas sommeil.
8. Il n'a pas la grippe.
9. Je n'ai pas besoin de boire.
10. Elle n'a pas très soif.
11. Je n'ai pas mal au bras.
12. Tu n'as pas l'air malade

5
1. Est-ce que vous avez (Avez-vous) ce parfum ?
2. Est-ce que nous avons (Avons-nous) leur adresse ?
3. Est-ce qu'ils ont (Ont-ils) raison ?
4. Est-ce que Patrick a (Patrick a-t-il) une moto ?
5. Est-ce que tu as (As-tu) mal à la tête ?
6. Est-ce qu'elle a (A-t-elle) les cheveux longs ou courts ?
7. Est-ce que j'ai (Ai-je) le temps de prendre un bain ?
8. Est-ce que tu as (As-tu) de la chance ?
9. Est-ce que vous avez (Avez-vous) du feu ?
10. Est-ce qu'ils ont (Ont-ils) des amis ?

6
1. Il y a des nuages dans le ciel.
2. Il n'y a pas de grand fauteuil chez moi.
3. Il y a des sculptures au musée d'Orsay.
4. Il y a du monde sur les Champs-Élysées.
5. Il y a une fontaine devant la maison.

7
1. Nous sommes étudiants, nous avons beaucoup de livres.
2. Vous êtes au restaurant, vous avez faim et le repas est délicieux.
3. J'ai du travail, je suis fatigué, je n'ai pas envie de sortir.
4. Elle a une bicyclette, elle est écologiste.
5. Tu as peu de temps, tu es pressé, tu n'as pas le temps de déjeuner.
6. Il est riche, il a une voiture de course, il est très fier de sa voiture.
7. On est sur une montagne, on a une vue magnifique.
8. Ils sont tristes, ils ont du chagrin, ils ont des ennuis très sérieux.
9. Elle a des enfants, c'est une mère de famille.
10. Elles sont devant la gare, elles ont des valises mais elles n'ont pas de chariot.

VERBES DU 1er GROUPE

Présent de l'indicatif p. 9

1

Je donne,
tu donnes,
il (elle) donne,
nous donnons,
vous donnez,
ils (elles) donnent des fleurs.

J'écoute,
tu écoutes,
il (elle) écoute,
nous écoutons,
vous écoutez,
ils (elles) écoutent de la musique.

2
1. Tu danses, elle chante.
2. Nous rêvons, vous restez silencieux.
3. Je pousse et je ferme la porte.
4. Tu arrêtes la voiture. Il traverse la rue.
5. Nous aimons le sport, ils détestent cela.

3
1. Il explique la situation.
2. Elles parlent bien le russe.
3. Vous trouvez la bonne solution.
4. Nous portons nos valises.
5. Je monte souvent à cheval.
6. Je poste les lettres.
7. Ils frappent à la porte.
8. Nous décollons bientôt.
9. Vous pensez à tout.
10. Le film dure trois heures.

4
1. J'allume la lumière.
   Est-ce que j'allume la lumière ?
2. Ta fille dépense beaucoup. Est-ce que ta fille dépense (Ta fille dépense-t-elle) … ?
3. Tu apportes le courrier. Est-ce que tu apportes (Apportes-tu) le courrier ?
4. Elles téléphonent. Est-ce qu'elles téléphonent ? (Téléphonent-elles ?)
5. Vous gardez les enfants … . Est-ce que vous gardez (Gardez-vous) les enfants… ?

6. Il aide son frère. Est-ce qu'il aide (Aide-t-il) son frère ?
7. Tu entres sans bruit. Est-ce que tu entres (Entres-tu) sans bruit ?
8. Vous montrez vos papiers. Est-ce que vous montrez (Montrez-vous) vos papiers ?
9. Ils déjeunent au restaurant. Est-ce qu'ils déjeunent (Déjeunent-ils) au restaurant ?
10. Le métro fonctionne ... Est-ce que le métro fonctionne (Le métro fonctionne-t-il).. ?

5

1. Est-ce que tu pleures ... ?
   – Non, je ne pleure jamais : ...! Mais les bébés pleurent ...
2. Est-ce que vous habitez à Paris ?
   – Non, nous habitons à Lyon, mais nos cousins habitent à Paris.
3. Est-ce que ton patron arrive ... ?
   – Oui, il arrive ..., mais ..., nous arrivons ... .
4. Est-ce que tu marches beaucoup ?
   – Oui, je marche ..., mais Luc ne marche pas longtemps... !

6

1. Comment est-ce que tu passes tes soirées ?
2. J'écoute de la musique pendant que toute ma famille regarde la télévision.
3. ..., j'invite des amis ; on discute et on parle de tout et de rien.
4. Est-ce que, parfois, vous chantez des chansons ?
5. Oui, et on danse... . Mes amis restent ... . Puis, chacun rentre chez soi.

7

A. 1. Nous visitons un musée.
   2. Il raconte une histoire.
   3. Tu prêtes ta voiture.

B. 1. Ils cherchent un studio.
   2. Vous demandez un café.
   3. Ils critiquent cet homme.

C. 1. Elle dessine un mouton.
   2. Tu me fatigues.
   3. Ils adoptent un enfant.

D. 1. Les feuilles tombent.
   2. Nous conjuguons les verbes.
   3. J'accepte l'invitation.

VERBES DU 1er GROUPE
Présent de l'indicatif — p. 11

1

1. Je skie toute la journée.
2. Nous jouons aux cartes.
3. Tu continues à parler.
4. J'oublie l'heure.
5. Tu confies ton secret.
6. Ils remercient leurs amis.
7. Les voitures polluent l'atmosphère.
8. Nous distribuons les cadeaux.
9. L'accident crée un embouteillage.
10. Vous avouez votre erreur.

2

1. Elle réveille son fils.
2. Le soleil brille.
3. Je signe la lettre.
4. Tu habilles les enfants.
5. Elles maquillent les acteurs.
6. Nous gagnons au jeu.
7. Ils accompagnent la vieille dame.
8. Vous travaillez très tard.
9. Tu témoignes à un procès.
10. Vous enseignez l'espagnol.

3

1. Je photographie les monuments.
2. Je loue une maison de campagne.
3. J'effectue des opérations.
4. Je varie les menus des repas.
5. Je modifie le programme du voyage.

4

1. Vous pariez	7. Vous bâillez
2. Nous travaillons	8. Nous crions
3. Ils saluent	9. Vous saignez
4. Nous témoignons	10. Vous éternuez
5. Elles veillent	11. Nous négocions
6. Ils échouent	12. Ils brillent

5

A. 1. Nous ne vérifions pas tous les résultats.
   2. Ils ne signent pas leurs livres.
   3. Je ne surveille pas le feu.
   4. Tu n'envies pas ton collègue.
   5. Vous ne constituez pas votre société.

B. 1. Est-ce que nous apprécions (Apprécions-nous) cet hôtel ?
   2. Est-ce que vous soignez (Soignez-vous) les malades ?
   3. ..., est-ce que l'inflation diminue (l'inflation diminue-t-elle) ?
   4. Est-ce que ce produit tue (Ce produit tue-t-il) les insectes ?
   5. Est-ce que tu évalues (Évalues-tu) bien les difficultés ?

6

Je réveille les enfants. Ils bâillent. Ils sommeillent ... . Je les déshabille et je les baigne. Ils crient, ils jouent. ..., je continue : je surveille ... . Je vérifie leurs cartables car ils oublient ... . Puis, je les accompagne à l'école.
Là, ils étudient, ils travaillent.
Le soir, quand ils regagnent la maison, ils me confient leurs secrets, avouent leurs bêtises. J'envie leur énergie, j'apprécie leur vitalité, mais ils me « tuent »!

VERBES DU 1er GROUPE
Présent de l'indicatif — p. 13

1
1. Nous commençons des études.
2. Nous ne voyageons pas souvent.
3. Nous annonçons notre mariage.
4. Nous ne changeons pas d'appartement.
5. Nous interrogeons la vendeuse.
6. Nous exerçons notre métier.
7. Nous mangeons un croissant.
8. Nous déplaçons le rendez-vous.
9. Nous divorçons bientôt.
10. Nous nageons tous les jours.

2
A. 1. Tu essaies (tu essayes) de parler, mais tu bégaies (tu bégayes).
2. Nous n'employons pas la bonne méthode.
3. Il appuie l'échelle contre le mur.
4. Nous renvoyons le rendez-vous au mois prochain.
5. Ils essuient leurs pieds avant d'entrer.
6. Je paie (paye) les factures.
7. Est-ce que tu tutoies ton professeur ?
8. Le diamant raie (raye) le verre.
9. Vous appuyez le pied … .
10. Qu'est-ce que tu nettoies ?

B. 1. Les voisins aménagent leur appartement. Nous aménageons le nôtre.
2. Est-ce que vous renoncez à votre croisière ? Non, nous n'y renonçons pas.
3. Les médias influencent les lecteurs. Nous influençons nos amis.
4. Nous exigeons une réponse immédiate.
5. Tu ennuies ton mari, nous ennuyons nos amis et eux, ils ennuient tout le monde.
6. Vous employez toujours des mots bizarres. J'emploie des mots plus simples.
7. Nous ne forçons personne à nous croire.
8. Nous n'obligeons personne à nous écouter.
9. Les feux d'artifice effraient (effrayent) les animaux.
10. Vous rédigez une lettre de protestation, nous rédigeons une lettre … .

3
Aujourd'hui, on festoie chez les Roc. …, nous côtoyons une rivière ; …, les feuilles rougeoient …, l'herbe verdoie, …, les oiseaux tournoient. …, le feu flamboie … . Nous avançons …, nous lançons …, puis nous engageons la conversation … . Avec lui, nous plongeons dans le monde des chevaux … .

4

A. 1.	Voyager.	Il voyage sans bagages.
2.	Aboyer.	Le chien aboie.
3.	Envoyer.	Tu envoies une lettre.
4.	Ranger.	Nous rangeons nos affaires.
B. 1.	Menacer.	L'orage menace.
2.	Protéger.	La chatte protège ses petits.
3.	Influencer.	Nous influençons nos amis.
4.	Remplacer.	Vous remplacez ce verre.
C. 1.	Noyer.	Il noie son chagrin dans l'alcool.
2.	Exercer.	Tu exerces le pouvoir.
3.	Balayer.	Vous balayez devant la porte.
4.	Partager.	Elles partagent cette chambre.
D. 1.	Commencer.	Je commence à comprendre.
2.	Corriger.	Nous corrigeons le texte.
3.	Vouvoyer.	Elle vouvoie son mari.
4.	Déménager.	Ils déménagent demain.

VERBES DU 1er GROUPE
Présent de l'indicatif — p. 15

1
J'élève,
tu élèves,
il (elle) élève,
nous élevons,
vous élevez,
ils (elles) élèvent un enfant.

J'espère,
tu espères,
il (elle) espère,
nous espérons,
vous espérez,
ils (elles) espèrent un bon résultat.

2
1. Il achève enfin sa phrase.
2. Nous préférons rester à la maison, tu préfères sortir.
3. Ils emmènent leur grand-mère …, nous emmenons notre grand-père … .
4. J'accélère facilement sur l'autoroute. Nous accélérons aussi.
5. Elle lève la tête, nous levons les yeux.

3
1. Crever : je crève.
2. Compléter : tu complètes.
3. Opérer : tu opères.
4. Célébrer : je célèbre.
5. Céder : nous cédons.
6. Libérer : ils libèrent.
7. Enlever : j'enlève.
8. Peser : nous pesons.
9. Amener : il amène.
10. Posséder : nous possédons.
11. Interpréter : il interprète.
12. Sécher : il sèche.
13. Soulever : vous soulevez.
14. Répéter : elles répètent.

4 Je jette,
tu jettes,
il (elle) jette,
nous jetons,
vous jetez,
ils (elles) jettent un vieux sac.

J'achète,
tu achètes,
il (elle) achète,
nous achetons,
vous achetez,
ils (elles) achètent un nouveau sac.

5
1. Tu projettes les photos de tes vacances.
2. Nous feuilletons un livre, ils feuillettent des magazines.
3. J'achète des légumes ..., vous achetez du pain.
4. La vendeuse étiquette les produits.
5. Ils halètent après leur course.

6 J'appelle,
tu appelles,
il (elle) appelle,
nous appelons,
vous appelez,
ils (elles) appellent un ami.

Je pèle,
tu pèles,
il (elle) pèle,
nous pelons,
vous pelez,
ils (elles) pèlent une pomme.

7
1. ..., il gèle.
2. Comment est-ce que tu t'appelles ?
3. Vous rappelez à Marc cette idée.
4. Ta bague étincelle au soleil.
5. Tu ne renouvelles pas ton contrat.
6. Nous congelons du poisson.
7. J'épelle les mots difficiles.
8. Les nuages s'amoncellent.
9. Je ne me rappelle pas son nom.
10. Ces calculs s'avèrent faux.

8
1. Nous adhérons à ce club de tennis.
2. Nous projetons un film.
3. Nous interprétons une sonate de Chopin.
4. Nous nous rappelons notre première rencontre.
5. Nous élevons la voix.
6. Nous rachetons une voiture.
7. Nous dégelons un gigot d'agneau.
8. Nous achevons la préparation d'un bon dîner.
9. Nous nous libérons pour partir avec toi.
10. Nous nous inquiétons pour sa santé.

VERBE ALLER
Présent de l'indicatif p. 17

1 Je vais,
tu vas,
il (elle) va,
nous allons,
vous allez,
ils (elles) vont en France.

Je m'en vais,
tu t'en vas,
il (elle) s'en va,
nous nous en allons,
vous vous en allez,
ils (elles) s'en vont très loin.

2
1. Ils vont au théâtre.
2. Je vais à la pharmacie.
3. Il s'en va tout seul.
4. Tu vas à l'université.
5. Nous allons en Grèce.
6. Vous vous en allez dans le Nord.

3
1. Tu vas souvent à ma rencontre, tu ne vas pas souvent à ma rencontre.
2. Ces couleurs vont bien ensemble, ces couleurs ne vont pas bien ensemble.
3. Nous allons jusqu'au bout de la rue, nous n'allons pas jusqu'au bout de la rue.
4. Je vais mieux qu'hier, je ne vais pas mieux qu'hier.
5. Cette machine va s'arrêter, cette machine ne va pas s'arrêter.
6. Vous allez rentrer demain, vous n'allez pas rentrer demain.
7. Tu vas chercher Antoine, tu ne vas pas chercher Antoine.
8. Nous nous en allons tout de suite, nous ne nous en allons pas tout de suite.
9. Cette tache s'en va avec ce produit, cette tache ne s'en va pas avec ce produit.
10. Les voyageurs s'en vont avant ce soir, les voyageurs ne s'en vont pas ... .

4
1. Comment allez-vous (Comment vas-tu) ?
2. Où est-ce que vous allez (Où allez-vous) ?
3. Pourquoi est-ce qu'il s'en va (Pourquoi s'en va-t-il) ?
4. Quand est-ce qu'ils s'en vont (Quand s'en vont-ils) ?
5. Est-ce que tu vas (Vas-tu) à la piscine ?
6. Depuis quand est-ce que vous allez (Depuis quand allez-vous) à ce club de tennis ?
7. Jusqu'où est-ce que vous allez (Jusqu'où allez-vous) ?

8. Combien de places est-ce que vous allez (Combien de places allez-vous) acheter ?
9. Comment est-ce qu'il va (Comment va-t-il) gagner sa vie ?
10. Pourquoi est-ce qu'ils s'en vont (Pourquoi s'en vont-ils) vite ?

5 Mesdames, ..., est-ce que vous êtes curieux ? Est-ce que vous avez du sens pratique ? Oui, j'en suis sûr. Alors, je vais vous montrer quelque chose. C'est un objet qui va vous étonner. Il est très simple, ..., il a de nombreux usages. ..., j'ai le plaisir ... . Avec lui, vous allez changer ... . Tous les autres couteaux vont être inutiles. ..., vous allez préparer tous vos légumes. Ces pommes ont des pépins ? Nous allons utiliser ... .Vous avez de la viande à couper ? Nous avons une troisième lame ... . Allons, ..., personne ne s'en va sans son couteau magique!

6
1. À quelle heure est-ce que tu rentres ce soir ? Je rentre à 8 heures.
2. Quand est-ce que vous retournez dans votre pays ? J'y retourne à la fin de l'été.
3. Combien de temps est-ce que tu restes ici ? Je reste toute la journée.
4. Quel jour est-ce que tes amis arrivent ... ? Ils arrivent lundi prochain.
5. À quel moment le facteur passe-t-il ? Il passe vers 9 heures du matin.
6. Pourquoi les gens n'entrent-ils pas encore dans le stade ?
   Ils n'y entrent pas encore parce que les portes ne sont pas ouvertes.
7. Pourquoi est-ce que je tombe toujours sur elle dans cette rue ?
   Tu tombes toujours sur elle parce que vous habitez le même quartier.
8. Où ce chemin mène-t-il ? Il mène à la ferme.
9. Est-ce qu'ils ramènent Éliane chez elle à la fin de la soirée ?
   Oui, ils la ramènent en voiture.
10. Est-ce que vous emmenez vos enfants en Italie ? Oui, je les emmène à Venise.

VERBES DU 2e GROUPE
Présent de l'indicatif p. 19

1 Je choisis,
tu choisis,
il (elle) choisit,
nous choisissons,
vous choisissez,
ils (elles) choisissent un disque.

2
1. Tu grandis, il grossit.
2. Vous réfléchissez, j'agis.
3. Je maigris, elle mincit.
4. Nous démolissons, ils bâtissent.
5. Elles brunissent, elles rajeunissent.
6. Il pâlit, il s'évanouit.

3
1. Est-ce que tu réussis (Réussis-tu) l'expérience ?
2. Est-ce qu'on choisit (Choisit-on) ses voisins ?
3. Est-ce que les voitures ralentissent (Les voitures ralentissent-elles) ?
4. Est-ce que nous nous réunissons (Nous réunissons-nous) assez souvent ?
5. Est-ce que ces vins vieillissent (Ces vins vieillissent-ils) bien ?
6. Est-ce que l'herbe jaunit (L'herbe jaunit-elle) au soleil ?

4
1. Les arbres ne fleurissent pas et les fruits ne mûrissent pas tôt ... .
2. L'avion n'atterrit pas ..., les passagers n'applaudissent pas.
3. Vous ne les avertissez pas ... .
4. Ces jeans ne rétrécissent pas ... !
5. Je ne réagis pas bien, tu ne t'en réjouis pas.

5
1. ..., vous maigrissez.
2. ..., vous rajeunissez.
3. ..., vous embellissez.
4. ..., vous vous enrichissez.

6
1. Je réunis des documents.
2. Les fermiers nourrissent leurs animaux.
3. Ces enfants désobéissent souvent à leurs parents.
4. Est-ce que vous haïssez la pluie ?
5. Le temps se rafraîchit.
6. Le climat se refroidit.
7. Les juges punissent le coupable.
8. Nous investissons de l'argent.
9. Tu m'avertis d'un danger.

7 ..., le ciel bleuit ..., le paysage s'éclaircit ... . Au loin, des éléphants barrissent, un lion rugit, des antilopes franchissent ... . Soudain, elles frémissent et déguerpissent. Un tigre bondit, jaillit ..., gravit ..., surgit ... Un cri retentit. L'herbe rougit, l'animal blessé faiblit, ses pattes fléchissent. ..., le tigre saisit ... ., le soleil resplendit.

8

1. blanchir	6. embellir
2. noircir	7. attendrir
3. (re)verdir	8. éclaircir
4. vieillir	9. adoucir
5. assombrir	10. durcir

9

1. aboutir
2. abolir
3. haïr
4. obscurcir
5. unir
6. obéir
7. choisir
8. trahir
9. envahir
10. réussir
11. guérir
12. salir

VERBES DU 3e GROUPE
Présent de l'indicatif p. 21

1

Je sors,
tu sors,
il (elle) sort,
nous sortons,
vous sortez,
ils (elles) sortent par tous les temps.

Je cours,
tu cours,
il (elle) court,
nous courons,
vous courez,
ils (elles) courent sur la plage.

J'offre,
tu offres,
il (elle) offre,
nous offrons,
vous offrez,
ils (elles) offrent des fleurs.

2

1. Tu sers / Vous servez le thé.
2. Cette fleur sent / Ces fleurs sentent très bon.
3. J'ouvre / Nous ouvrons la fenêtre.
4. Tu ressors / Vous ressortez … .
5. Je parcours / Nous parcourons … .
6. Il découvre / Ils découvrent la mer.
7. Je dors / Nous dormons … .
8. Le blessé souffre / Les blessés souffrent … .
9. Il ment / Ils mentent souvent.
10. Tu accueilles tes amis / Vous accueillez vos amis.

3

A. 1. L'eau bout déjà. L'eau ne bout pas encore.
2. On ressert … . On ne ressert pas le fromage.
3. Je dessers … . Je ne dessers pas la table.
4. Nous nous servons … .
Nous ne nous servons pas d'un fax.
5. Cette machine sert … .
Cette machine ne sert pas à cirer le sol.
6. Je me sens toujours … .
Je ne me sens jamais très bien ici.
7. Vous ressentez de l'amitié … .
Vous ne ressentez pas d'amitié pour lui.
8. Ils pressentent … .
Ils ne pressentent pas le danger.
9. Elle consent … .
Elle ne consent pas à venir.
10. Ils repartent … .
Ils ne repartent pas lundi soir.

B. 1. L'enfant s'endort toujours vite.
L'enfant ne s'endort jamais vite.
2. Nous nous rendormons … . Nous ne nous rendormons pas après l'orage.
3. Ils accourent … .
Ils n'accourent pas au moindre bruit.
4. Vous secourez … .
Vous ne secourez pas les victimes.
5. Le ciel se couvre … .
Le ciel ne se couvre pas de nuages.
6. Les bruits couvrent … .
Les bruits ne couvrent pas les voix.
7. La radio dément … .
La radio ne dément pas la nouvelle.
8. Il revêt un costume … .
Il ne revêt pas de costume de scène.
9. Je me repens … .
Je ne me repens pas d'avoir trop parlé.
10. Elles recueillent … .
Elles ne recueillent pas les chats perdus.

4

1. Vous parcourez la région … .
2. Nous sentons un courant d'air.
3. Ils sortent de chez leur banquier.
4. Nous ouvrons un compte … .
5. Ces histoires courent … .
6. Nous lui offrons notre aide.
7. Les portes s'ouvrent toutes seules.
8. Vous dormez debout.
9. Nous repartons … .
10. Vous cueillez des roses.

5

A. Quand tu ouvres l'œil …, tu bous …,
tu cours …, tu sors …,
tu te sens léger, et tu pars … .

B. Un présentateur … interroge … :
– Que ressentez-vous quand vous partez présenter … ?
– …, je me sens nerveuse, je ne dors pas.
– Qu'aimez-vous faire lorsque vous arrivez ?
– Je parcours …, je cours …, je découvre la ville.
– Comment est-ce que les gens de la rue vous accueillent ?
– Ils m'ouvrent …, ils m'assaillent …, je leur ouvre mon cœur, ils m'offrent …, ils me servent … quand je sors …, ils sont merveilleux !

VERBES DU 3e GROUPE
Présent de l'indicatif p. 23

1

Je viens,
tu viens,
il (elle) vient,
nous venons,
vous venez,
ils (elles) viennent à la maison.

J'acquiers,
tu acquiers,
il (elle) acquiert,
nous acquérons,
vous acquérez,
ils (elles) acquièrent de la force.

Je meurs,
tu meurs,
il (elle) meurt,
nous mourons,
vous mourez,
ils (elles) meurent de rire.

2

1. Tu viens, vous venez avec moi.
2. Elle devient jolie, elles deviennent jolies.
3. Il se souvient, ils se souviennent de tout.
4. Je reviens, nous revenons tout de suite.
5. Tu me tiens, vous me tenez la main.
6. Cette maison t'appartient, ces maisons t'appartiennent.
7. Tu conquiers ta liberté, vous conquérez votre liberté.
8. Tu meurs, vous mourez de peur.
9. Je fuis, nous fuyons la ville ... .
10. Le voleur s'enfuit, les voleurs s'enfuient par le toit.

3

1. Je préviens ..., vous prévenez ... .
2. Tu ne retiens pas ..., ils ne retiennent pas... .
3. Cette bouteille contient ..., ces bouteilles contiennent du rhum.
4. Il ne détient pas ..., ils ne détiennent pas ... .
5. Tu interviens ..., vous intervenez tout le temps dans la conversation.
6. Je parviens ..., nous parvenons à les faire rire.
7. La fuite d'eau provient d'en haut.
8. L'élève acquiert ..., les élèves acquièrent des connaissances.
9. Est-ce que tu soutiens ... ? Est-ce que vous soutenez mon point de vue ?
10. L'entreprise conquiert ..., les entreprises conquièrent des parts de marché.
11. Elle n'obtient jamais ..., elles n'obtiennent jamais satisfaction.
12. Est-ce que le prisonnier s'enfuit ... ? Est-ce que les prisonniers s'enfuient ... ?
13. Tu viens ..., vous venez de me téléphoner.
14. Je m'enquiers ..., nous nous enquérons de ta santé.
15. Il appartient ..., elles appartiennent à un parti politique.

4

La réunion se tient ... ., les participants interviennent et aucun incident ne survient ... . Chacun obtient ... et le directeur acquiert la certitude ... .

5

A.

1. accueillir	6. mentir
2. partir	7. secourir
3. démentir	8. sentir
4. discourir	9. servir
5. entretenir	10. soutenir

B. LE MÉDECIN : « ..., pourquoi venez-vous me voir ? »
CAROLINE : « ..., je viens ... car j'appartiens à la catégorie des gens qui fument. »
LE MÉDECIN : « Est-ce que vous tenez ... ? Vous le souhaitez vraiment ? »
CAROLINE : « ..., j'y tiens ..., j'en meurs d'envie. ..., je n'ai plus aucun plaisir ..., et puis je respire mal, je tousse, je ne me sens pas bien. ..., je m'abstiens ..., mais je ne parviens pas ..., je n'obtiens jamais ... »
LE MÉDECIN : « ... requiert ... . »
Caroline sent alors que le médecin fuit ... et quelque chose retient ... . Le médecin tient à la main ... !

VERBES DU 3e GROUPE
Présent de l'indicatif p. 25

1

Je rends,
tu rends,
il (elle) rend,
nous rendons,
vous rendez,
ils (elles) rendent la monnaie.

J'entreprends,
tu entreprends,
il (elle) entreprend,
nous entreprenons,
vous entreprenez,
ils (elles) entreprennent des recherches.

Je perds mon temps,
tu perds ton temps,
il (elle) perd son temps,
nous perdons notre temps,
vous perdez votre temps,
ils (elles) perdent leur temps.

2
1. J'apprends ..., nous apprenons le français.
2. Le jardinier tond ..., les jardiniers tondent la pelouse.
3. Je descends ... nous descendons l'escalier.
4. Il vend ..., ils vendent la maison.
5. J'entends ..., nous entendons un cri.
6. Tu comprends ..., vous comprenez ... .
7. Il confond ..., ils confondent deux dates.
8. Tu résous ..., vous résolvez une énigme.
9. Je mouds ..., nous moulons du café.
10. Elle perd souvent ses clés, elles perdent souvent leurs clés.

3
1. Est-ce que tu attends Théodore depuis longtemps ? Oui, je l'attends depuis 1 heure.
2. Est-ce que la neige fond vite à Paris ? Oui, elle fond très vite.
3. Est-ce qu'elle résout ses problèmes toute seule ? Oui, elle les résout toute seule.
4. Est-ce que nous lui tendons la main ? Non, nous ne la lui tendons pas.
5. Combien d'œufs est-ce que cette poule pond chaque jour ? Elle en pond 2 ou 3.
6. Est-ce qu'il perd la mémoire ? Oui, il la perd un peu.
7. Est-ce que je prends mon parapluie ? Non, je ne le prends pas.
8. Est-ce que ces nouvelles te surprennent ? Non, elles ne me surprennent pas.
9. Est-ce que vous me rendez mon argent aujourd'hui ? Oui, je vous le rends.
10. Est-ce que les prisonniers se morfondent en prison ? Oui, ils s'y morfondent.

4
1. Les avocats défendent leurs clients.
2. Le chien mord le facteur.
3. La couturière découd un ourlet.
4. Les enfants dépendent de leurs parents.
5. Tu écoutes puis tu réponds aux questions.
6. Vous redescendez par l'ascenseur.
7. Tu étends le linge.
8. Je me tords de rire.
9. Le bûcheron fend le bois.
10. Le sucre se dissout dans le thé.

5
1. Ils se détendent ... .
2. Les deux amies correspondent ... .
3. Tu reprends des forces ... .
4. ..., il sous-entend ... .
5. Vous prétendez ... ?

6
1. Vous confondez ... .
2. Il répand une rumeur ... .
3. Je suspends mon imperméable ... .
4. Il défend de fumer ... .
5. Tu te résous enfin à répondre.
6. Ils s'étendent sur le sable.

VERBES DU 3e GROUPE
Présent de l'indicatif p. 27

1
J'atteins mon but,
tu atteins ton but,
il (elle) atteint son but,
nous atteignons notre but,
vous atteignez votre but,
ils (elles) atteignent leur but.

Je me plains,
tu te plains,
il (elle) se plaint,
nous nous plaignons,
vous vous plaignez,
ils (elles) se plaignent de tout.

Je rejoins ma famille,
tu rejoins ta famille,
il (elle) rejoint sa famille,
nous rejoignons notre famille,
vous rejoignez votre famille,
ils (elles) rejoignent leur famille.

2
A. 1. j'éteins
tu éteins
nous éteignons
ils éteignent
2. tu crains
elle craint
nous craignons
elles craignent
3. je joins
il joint
vous joignez
ils joignent

B. 1. Ce film dépeint ... .
2. Pablo n'éteint jamais ... .
3. Est-ce que vous contraignez votre fils ... ?
4. ... et il feint la surprise.
5. Ta chemise verte déteint ... .
6. Pourquoi est-ce que tu peins ... ?
7. Cette malade se plaint ... .
8. Beaucoup de gens se teignent ... .
9. Tu t'astreins ... .
10. Ces jeunes garçons enfreignent ... .
11. Le soleil point ... .
12. ..., ils joignent ... .
13. Les policiers enjoignent ... .
14. Ce gouvernement restreint ... .
15. Le ministre s'adjoint ... .

3
A. 1. Vendre. Je vends
2. Recoudre. Tu recouds
3. Répandre. Il répand

4. Tondre. Tu tonds
5. Confondre. Elle confond
6. Tordre. Je tords
7. Perdre. Tu perds
8. Apprendre. Elle apprend
9. Moudre. Tu mouds

B. 1. Rendre. Nous rendons
2. Répondre. Vous répondez
3. Peindre. Ils peignent
4. Plaindre. Nous plaignons
5. Rejoindre. Vous rejoignez
6. Atteindre. Elles atteignent
7. Surprendre. Nous surprenons
8. Suspendre. Vous suspendez
9. Résoudre. Ils résolvent

C. 1. Entreprendre. Elle entreprend
2. Peindre. Elle peint
3. Redescendre. Il redescend
4. Prendre. Elles prennent
5. Comprendre. Il comprend
6. Plaindre. Elle plaint
7. Déteindre. Ils déteignent
8. Entendre. Elles entendent
9. Prétendre. Il prétend

4
1. Tu attends … et tu descends … .
2. James vend tout et rejoint … .
3. Les étudiants apprennent … et répondent … .
4. Le marcheur atteint … et redescend … .
5. Je fends … .
6. Nous repeignons … et étendons … .
7. Vous feignez …, vous prétendez …
8. Elle condescend … . Son chef l'y contraint.
9. Le chien mord … et prend la fuite.
10. Juan ne résout pas son problème et se morfond … .

VERBES DU 3e GROUPE
Présent de l'indicatif p. 29

1
Je lis,
tu lis,
il (elle) lit,
nous lisons,
vous lisez,
ils (elles) lisent le journal.

Je ne dis rien,
tu ne dis rien,
il (elle) ne dit rien,
nous ne disons rien,
vous ne dites rien,
ils (elles) ne disent rien.

Je ris,
tu ris,
il (elle) rit,
nous rions,
vous riez,
ils (elles) rient aux éclats.

Je m'inscris,
tu t'inscris,
il (elle) s'inscrit,
nous nous inscrivons,
vous vous inscrivez,
ils (elles) s'inscrivent à l'université.

2
1. Vous relisez …, je le lis.
2. Tu souris, nous sourions … .
3. Il écrit, nous récrivons … .
4. Je dis tout, vous ne dites rien.
5. Tu interdis …, ils interdisent … .
6. Vous décrivez …, ils décrivent … .

3
1. Vous redites … .
2. La voyante prédit … .
3. … Cela suffit.
4. Tu me contredis toujours.
5. Je relis souvent ce poème.
6. Les Français élisent leur président.
7. Est-ce que vous m'interdisez … ?
8. Est-ce qu'ils inscrivent leur fils à l'école ?
9. … . Elles sourient toujours.
10. Vous concluez une bonne affaire.

4
1. Les médecins prescrivent des sirops, les médecins ne prescrivent pas de sirops.
2. Vous proscrivez l'alcool, vous ne proscrivez pas l'alcool.
3. Vous médisez quelquefois, vous ne médisez jamais.
4. Nous souscrivons à vos exigences, nous ne souscrivons pas à vos exigences.
5. Vous vous dédisez de votre promesse, vous ne vous dédisez pas de votre promesse
6. Vous riez encore de ses blagues, vous ne riez plus de ses blagues.
7. J'exclus cette possibilité, je n'exclus pas cette possibilité.
8. L'escalope frit doucement, l'escalope ne frit pas doucement.
9. Ils se suffisent à eux-mêmes, ils ne se suffisent pas à eux-mêmes.
10. Les policiers concluent à un crime, les policiers ne concluent pas à un crime.

5
1. Tu dis …, vous dites une bêtise.
2. Elle médit, vous médisez.
3. Je me dédis, vous vous dédisez.
4. Nous prédisons …, vous prédisez un malheur.
5. Tu maudis …, vous maudissez le sort.

6. Il interdit ..., nous interdisons le stationnement.
7. Nous redisons ..., vous redites les mêmes mots.
8. Ils contredisent ..., vous contredisez tout le monde.

6
1. Lire : Je lis un livre.
2. Écrire : Elle écrit une lettre.
3. Conclure : Tu conclus un marché.
4. Rire : Ils rient très fort.
5. Maudire : Vous maudissez votre malchance.
6. Sourire : Il sourit à sa sœur.
7. Interdire : Le règlement interdit l'accès de l'immeuble aux quêteurs.
8. Suffire : Les vacances ne te suffisent pas.
9. Élire : Nous élisons notre délégué.
10. Inscrire : Il inscrit son nom sur la liste.
11. Prédire : On lui prédit un bel avenir.
12. Exclure : Nous excluons cette solution.
13. Décrire : Ils décrivent leur vie.
14. Médire : C'est faux! Vous médisez de lui.
15. Contredire : Tu me contredis toujours.
16. Prescrire : On nous prescrit du repos.

7
Eléonore écrit ... . Elle décrit ..., elle maudit ... , elle exclut ... et elle conclut.
Puis elle relit sa lettre. ... .

8
1. Il décrit son village.
2. Est-ce que tu conclus ton exposé ?
3. Elles ne sourient pas.
4. Est-ce que vous lisez ce poème ?
5. Nous nous inscrivons à l'université.

VERBES DU 3e GROUPE
Présent de l'indicatif p. 31

1
Je vis,
tu vis,
il (elle) vit,
nous vivons,
vous vivez,
ils (elles) vivent à l'étranger.

Je conduis,
tu conduis,
il (elle) conduit,
nous conduisons,
vous conduisez,
ils (elles) conduisent mal.

Je me tais,
tu te tais,
il (elle) se tait,
nous nous taisons,
vous vous taisez,
ils (elles) se taisent.

2
A. 1. Nous vivons ..., vous vivez ... .
2. Je poursuis ..., vous poursuivez ... .
3. ..., ils survivent.
4. Est-ce que tu suis un régime ?
5. ..., il revit.

B. 1. Tu conduis ..., je conduis ... .
2. Ils réduisent ... .
3. Que produit cette région ?
4. Dom Juan séduit ... .
5. J'introduis la clé ... .
6. Qu'est-ce que vous traduisez ?
7. Nous coproduisons un film.
8. Le poulet cuit ... .
9. Les ouvriers construisent ... .
10. Je reproduis un tableau.

3
1. Je lui plais, il me plaît, nous nous plaisons.
2. Ces chansons nous plaisent.
3. Le jeu de cet acteur me déplaît.
4. ..., tu te tais, nous nous taisons ... .
5. Ils se complaisent à dire des bêtises.

4
Je me distrais,
tu te distrais,
il (elle) se distrait,
nous nous distrayons,
vous vous distrayez,
ils (elles) se distraient.

Je ne crois personne,
tu ne crois personne,
il (elle) ne croit personne,
nous ne croyons personne,
vous ne croyez personne,
ils (elles) ne croient personne.

5
A. 1. Ce spectacle nous distrait, ces clowns nous distraient.
2. Vous distrayez les enfants, ...
3. Nous soustrayons 3 de 5 : ... .
4. Ce scientifique s'abstrait ... .
5. Le dentiste extrait ... .

B. 1. Est-ce que vous croyez ... ?
2. Non, nous ne le croyons pas.
3. Je crois ..., et toi, crois-tu à la tienne ?
4. Il croit ... !
5. Elles ne croient pas ..., mais nous, nous y croyons.

6
1. Vivre : ils vivent au Japon.
2. Conduire : tu conduis trop vite.
3. Cuire : le rôti cuit dans le four.
4. Nuire : ses airs arrogants lui nuisent.
5. Plaire : est-ce que cette robe te plaît ?
6. Traduire : je traduis ce poème en français.

7. Construire : on construit un nouvel aéroport.
8. Réduire : nous réduisons les frais de l'entreprise.
9. Croire : vous ne croyez jamais rien.
10. Abstraire : il s'abstrait dans ses pensées.
11. Extraire : on extrait le blessé de la voiture.
12. Introduire : j'introduis une pièce dans la machine.
13. Séduire : son sourire me séduit.
14. Distraire : ces jeux nous distraient.
15. Suivre : les jours se suivent.
16. S'autodétruire : il fume, il boit, il s'autodétruit.
17. Coproduire : avec qui est-ce que vous coproduisez ce film ?
18. Poursuivre : nous poursuivons notre procès.
19. Déduire : qu'est-ce que vous déduisez de cette expérience ?
20. Soustraire : tu soustrais tes dépenses de tes revenus.

7
1. Il conduit sa voiture.
2. Les dessins animés distraient les enfants.
3. ..., on réduit les impôts.
4. Les ouvriers détruisent la maison.
5. Il suit cette femme.
6. Est-ce que ce bijou te plaît ?
7. Le voleur s'introduit dans la maison.
8. Ces accusations lui nuisent.

VERBES DU 3e GROUPE
Présent de l'indicatif p. 33

1
Je parais content(e),
tu parais content(e),
il (elle) paraît content(e),
nous paraissons content(e)s,
vous paraissez content(e)s,
ils (elles) paraissent content(e)s.

Je mets,
tu mets,
il (elle) met,
nous mettons,
vous mettez,
ils (elles) mettent une lettre à la poste.

Je vaincs ma timidité,
tu vaincs ta timidité,
il (elle) vainc sa timidité,
nous vainquons notre timidité,
vous vainquez votre timidité,
ils (elles) vainquent leur timidité.

2
1. Le soleil apparaît ... .
2. Nous reconnaissons ... .
3. Vous disparaissez ... .
4. Tu admets ton erreur.
5. Je romps mes relations ... .
6. Ils battent les cartes.

3
1. Je promets ... . Nous promettons ... .
2. Il ne connaît pas ... .
Ils ne connaissent pas ... .
3. Ton ami paraît sympathique.
Tes amis paraissent sympathiques.
4. Tu abats ... . Vous abattez un arbre.
5. Tu vaincs tes adversaires.
Vous vainquez vos adversaires.

4
1. Vous rompez votre contrat / tu romps ton contrat.
2. Ils comparaissent ... / il comparaît ... .
3. Nous vainquons ... / je vaincs ... .
4. Ils corrompent ... / il corrompt ... .
5. Nous méconnaissons ... / je méconnais ... .
6. Vous combattez ... / tu combats ... .

5
1. Est-ce que ce magasin admet ... ?
Non, il ne les admet pas.
2. Est-ce qu'il naît ... ?
Non, il naît plus de filles que de garçons.
3. La lumière transparaît-elle ... ?
Non, elle ne transparaît pas ... .
4. Est-ce que ces entreprises accroissent ... ?
Non, elles ne l'accroissent pas.
5. Est-ce que le chef d'orchestre bat ... ?
Non, il ne bat pas bien la mesure.
6. Est-ce que vous vous débattez ... ?
Non, je ne me débats pas ... .
7. Est-ce qu'ils interrompent ... ?
Non, ils ne l'interrompent pas.
8. Est-ce que vous convainquez ... ?
Non, je ne les convaincs pas.
9. Est-ce que cet arbre croît ... ?
Non, il ne croît pas ... .
10. Est-ce qu'ils se soumettent ... ?
Non, ils ne s'y soumettent pas.
11. Est-ce que tu te mets ... ?
Non, je ne m'y mets pas.
12. Est-ce que tout le monde se connaît ici ?
Non, personne ne se connaît ici.
13. Est-ce que vous me permettez ... ?
Non, je ne vous le permets pas.
14. Est-ce que la radio retransmet ... ?
Non, elle ne le retransmet pas.
15. Est-ce que tu compromets ... ?
Non, je ne la compromets pas.

6

A. connaître	B. admettre
émettre	croître
apparaître	corrompre
promettre	transparaître
combattre	rompre

C. battre
convaincre
permettre
mettre en scène
interrompre

D. vaincre
paraître
naître
débattre
disparaître

VERBES DU 3e GROUPE
Présent de l'indicatif p. 35

1 Je vois,
tu vois,
il (elle) voit,
nous voyons,
vous voyez,
ils (elles) voient un copain.

Je dois,
tu dois,
il (elle) doit,
nous devons,
vous devez,
ils (elles) doivent partir.

Je sais,
tu sais,
il (elle) sait,
nous savons,
vous savez,
ils (elles) savent nager.

2 A. 1. Est-ce que vous voyez bien ... ?
2. Je ne vois pas la différence ... .
3. Quel temps prévoit-on ... ?
4. Est-ce que tu revois ... ?
5. Nous ne voyons plus Loïc, mais ses cousins le voient encore.

B. 1. ... : nous devons rentrer ... .
2. ..., ils doivent être fatigués.
3. Qu'est-ce que vous apercevez ... ?
4. Ils ne reçoivent jamais personne.
5. Tu me déçois. Je ne conçois pas ... .

C. 1. Est-ce que tu sais parler ... ?
2. Ils ne savent pas la vérité.
3. Il ne sait pas où aller.
4. Est-ce que vous savez danser ? Non, nous ne savons pas.
5. Ces photos de l'accident nous émeuvent.

3 1. Oui, je lui en dois.
2. Non, je ne sais pas (mentir).
3. Non, je ne les vois pas souvent.
4. Oui, j'en reçois beaucoup.
5. Oui, je m'en aperçois.

4 1. ..., ils savent (en jouer).
2. ..., je vous déçois.
3. ..., mais Serge vous en doit.
4. ..., vous voyez tout.
5. ..., tu t'émeus rarement.

5 1. Recevoir : nous recevons beaucoup de cadeaux à Noël.
2. Savoir : sais-tu où se cache le chien ?
3. Émouvoir : ces images de la catastrophe nous émeuvent.
4. Promouvoir : nous promouvons un nouveau produit.
5. Prévoir : qu'est-ce que vous prévoyez pour les vacances ?
6. Concevoir : l'architecte conçoit les plans de la maison.
7. Entrevoir : je n'entrevois aucune solution.
8. Décevoir : son comportement désinvolte nous déçoit beaucoup.

6 1. Elle reçoit ses amis ce soir.
2. Nous concevons différemment la situation.
3. Ils s'émeuvent facilement.
4. Est-ce que vous savez cela ?
5. Est-ce que tu dois de l'argent ?

VERBES DU 3e GROUPE
Présent de l'indicatif p. 37

1 Je fais,
tu fais,
il (elle) fait,
nous faisons,
vous faites,
ils (elles) font du yoga.

Je bois,
tu bois,
il (elle) boit,
nous buvons,
vous buvez,
ils (elles) boivent peu.

2 A. 1. Qu'est-ce que vous faites ? Je fais des mots croisés.
2. Pénélope défait et refait ... .
3. Nous faisons ..., et toi, en fais-tu ?
4. Cette solution nous satisfait.
5. Ils ne se satisfont ... .

B. 1. Est-ce que tu bois ... ?
2. Non, j'en bois rarement.
3. Bruno boit ..., ..., est-ce que vous en buvez ?
4. Non, nous n'en buvons pas, ... !
5. ... : ils boivent tes paroles.

3 Je ne peux pas,
tu ne peux pas,
il (elle) ne peut pas,
nous ne pouvons pas,
vous ne pouvez pas,
ils (elles) ne peuvent pas parler.

Je veux,
tu veux,
il (elle) veut,
nous voulons,
vous voulez,
ils (elles) veulent dormir.

4 A. 1. Est-ce que tu peux … ?
Non, je ne peux pas.
2. Il veut partir …, mais il ne peut pas.
3. Est-ce que vous voulez du thé ?
4. Nous voulons vous annoncer … .
5. Ils veulent voir …, malheureusement, ils ne peuvent pas.

B. 1. Combien valent ces boucles … ?
2. Il vaut mieux … .
3. Son silence équivaut à un refus.
4. Est-ce que 200g de poisson équivalent … ?
5. Il pleut. Il faut rentrer.

C. 1. Est-ce que vous vous asseyez (assoyez) … ?
2. Nous nous asseyons (assoyons) … .
3. Le promeneur s'assied (s'assoit) sur un banc.
4. Je m'assieds (je m'assois) ici, …, tu t'assieds (tu t'assois) là.
5. Les spectateurs s'asseyent (s'assoient) à leur place.

5 A. 1. Je fais mes comptes.
2. Je veux entrer.
3. Oui, nous pouvons vous entendre.
4. Oui, je m'assieds (je m'assois) ici.
5. Je bois du vin blanc.

B. 1. Est-ce que tu peux venir ?
Non, je ne peux pas venir.
2. Est-ce que nous pouvons rester ?
Oui, vous pouvez rester.
3. Est-ce que tu veux une glace ?
Oui, j'en veux une.
4. Vous ne voulez pas lui parler ?
Non, je ne veux pas.
5. Les chiens peuvent-ils entrer ici ?
Non, ils ne peuvent pas.

6
1. Pleuvoir : il pleut très fort.
2. Satisfaire : cette réponse nous satisfait.
3. Valoir : cette machine ne vaut rien.
4. Vouloir : que voulez-vous ?
5. Faire : que faites-vous ?
6. Pouvoir : nous ne pouvons pas admettre cela.
7. Contrefaire : l'acteur contrefait sa voix.
8. Boire : tu bois beaucoup trop!
9. Équivaloir : cet examen équivaut au bac.

ÊTRE ET AVOIR
VERBES DU 1er GROUPE ET ALLER
Imparfait de l'indicatif p. 39

1 J'étais sûr(e) de moi,
tu étais sûr(e) de toi,
il était sûr de lui,
elle était sûre d'elle,
nous étions sûr(e)s de nous,
vous étiez sûr(e)s de vous,
ils étaient sûrs d'eux,
elles étaient sûres d'elles

J'avais,
tu avais,
il (elle) avait,
nous avions,
vous aviez,
ils (elles) avaient raison.

2
1. C'était … . J'étais …, j'avais … .
2. Il y avait … . Elle était …, elle avait … .
3. Vous étiez … car vous aviez … et vous n'aviez pas d'excuse.
4. Le bar était … . Tu étais ivre, tu n'avais plus la force … .
5. Notre erreur était grave. Nous avions honte, nous n'étions pas fiers.
6. La circulation était difficile. Ils étaient furieux, ils avaient du retard.

3 Je cultivais mon jardin,
tu cultivais ton jardin,
il (elle) cultivait son jardin,
nous cultivions notre jardin,
vous cultiviez votre jardin,
ils (elles) cultivaient leur jardin.

J'arrosais mes fleurs,
tu arrosais tes fleurs,
il (elle) arrosait ses fleurs,
nous arrosions nos fleurs,
vous arrosiez vos fleurs,
ils (elles) arrosaient leurs fleurs.

J'allais,
tu allais,
il (elle) allait,
nous allions,
vous alliez,
ils (elles) allaient bien.

4
1. Tu adorais ..., tu l'embrassais, tu la montrais ... .
2. ..., les voitures s'approchaient, puis dépassaient le camion.
3. Le soleil se couchait ; ..., ses rayons éclairaient toute la plage.
4. J'entrais toujours ..., je ne frappais jamais ... .
5. ..., vous vous disputiez, cela gênait ..., vous vous excusiez.
6. Il refusait toujours ... ..., il s'en allait, il se dépêchait.

5 L'an dernier,
1. est-ce que tu habitais à l'étranger ? Oui, j'habitais au Chili.
2. est-ce que ton pays te manquait ? Oui, il me manquait beaucoup.
3. est-ce qu'ils déjeunaient parfois dans ce bistrot ? Oui, ils y déjeunaient souvent.
4. est-ce que vous dîniez toujours ... ? Oui, nous dînions toujours tous ensemble.
5. est-ce que tu laissais déjà pousser tes cheveux ? Oui, je les laissais déjà pousser.
6. où alliez-vous marcher tous les jours ? Nous allions marcher au bois de Boulogne.
7. est-ce que, tes amis et toi, vous dansiez, tous les samedis ? Oui, nous dansions ... .
8. est-ce que tu te maquillais déjà ? Oui, je me maquillais déjà.
9. est-ce que Grégoire te téléphonait chaque soir ? Oui, il me téléphonait chaque soir.
10. est-ce que tu imaginais ta vie actuelle ? Non, je ne l'imaginais pas du tout.

6 Ils allaient partir, ils étaient prêts, ils avaient leurs bagages. Nous étions sur le pas de la porte, nous avions l'air triste, nous allions rester seuls. Pauline était en larmes, Thomas avait le cœur serré, et toi, tu avais l'air absent, mais tu étais attentif ... . Moi, j'étais silencieux, j'avais envie ... . J'allais trouver le temps long ... .

7 ... quand j'étais petit, ..., des hommes inconnus arrivaient ... ..., ils tombaient ... .
Ils s'installaient ..., ils parlaient, ils bavardaient ... ..., quelqu'un racontait sa vie ou bien évoquait le passé. Souvent, ils discutaient ..., l'un d'entre eux se fâchait, les autres l'observaient ou le critiquaient.
..., je m'imaginais qu'ils étaient ..., je me demandais s'ils avaient des secrets d'état, s'ils décidaient ... . Tous semblaient très sérieux, mais je ne devinais pas pourquoi c'était chez moi que tout cela se passait.

VERBES DU 1er GROUPE
Imparfait de l'indicatif p. 41

1

1. Tu mangeais	7. Il naviguait
2. Il avançait	8. Tu expliquais
3. Je payais	9. Je soulevais
4. Elle enseignait	10. Il neigeait
5. Je surveillais	11. J'achetais
6. Tu jouais	12. Elle s'appelait

2
1. Je changeais, nous changions souvent d'amis.
2. Il essayait un pantalon, ils essayaient des pantalons.
3. Tu commençais, vous commenciez à comprendre.
4. Je m'ennuyais, nous nous ennuyions rarement.
5. Le chien aboyait, les chiens aboyaient sans arrêt.
6. Tu te baignais, vous vous baigniez dans le lac.
7. Je me méfiais, nous nous méfiions de lui.
8. Tu t'habituais, vous vous habituiez à cette vie.
9. Je me moquais, nous nous moquions de toi.

3 A.
1. Nous levons. Je levais la tête.
2. Nous espérons. Tu espérais réussir.
3. Nous achetons. Elles achetaient des fruits.
4. Nous jetons. Nous jetions de vieux papiers.
5. Nous pelons. Vous peliez des oranges.
6. Nous nous appelons. Il s'appelait Victor.
7. Nous possédons. Vous possédiez un château.
8. Nous projetons. Il projetait un voyage.
9. Nous congelons. Je congelais des légumes.
10. Nous étincelons. Les étoiles étincelaient.
11. Nous enlevons. Nous enlevions nos gants.
12. Nous nous inquiétons. Tu t'inquiétais souvent.

B.
1. Nous oublions. Il oubliait tout.
2. Nous menaçons. Tu menaçais de partir.
3. Nous nous réveillons. Nous nous réveillions tôt.
4. Nous brillons. Le soleil brillait.
5. Nous évoluons. La situation évoluait.
6. Nous encourageons. Ils encourageaient les sportifs.
7. Nous diminuons. Le chômage diminuait.
8. Nous flamboyons. Les couleurs flamboyaient.
9. Nous avouons. J'avouais mon erreur.
10. Nous emmenons. Vous emmeniez quelqu'un.

4 A. L'existence active qu'il menait le changeait tellement ... qu'il s'étonnait ... ..., on l'habillait, on le maquillait, on le priait ... . Des inconnus s'occupaient de lui, le critiquaient, le jugeaient, l'admiraient.

B. On s'ennuyait ..., tous les jours ressemblaient ... ; ..., les gens marchaient..., ils se déshabillaient, se baignaient, se noyaient, se sauvaient, se rhabillaient et se congratulaient ... .
... un gros propriétaire organisait des courses ... : c'était ma seule distraction.

5 ..., Pauline éprouvait une appréhension qui l'étonnait toujours. Elle s'arrêtait ..., longeait la vitrine ..., appuyait sur le bouton ..., s'engageait dans l'escalier, passait ..., et demeurait immobile, ... Une angoisse lui tombait sur les épaules, ...

VERBES DES 2e ET 3e GROUPES
Imparfait de l'indicatif p. 43

1 A.
1. nous grandissons, tu grandissais
2. nous nous enrichissons, ils s'enrichissaient
3. nous faiblissons, je faiblissais
4. nous finissons, elle finissait
5. nous réunissons, tu réunissais
6. nous rougissons, elle rougissait
7. nous démolissons, vous démolissiez
8. nous réussissons, nous réussissions
9. nous obéissons, ils obéissaient
10. nous choisissons, tu choisissais

B.
1. nous partons, tu partais
2. nous courons, je courais
3. nous ouvrons, elle ouvrait
4. nous sentons, nous sentions
5. nous dormons, ils dormaient
6. nous tenons, je tenais
7. nous venons, tu venais
8. nous fuyons, il fuyait
9. nous souffrons, ils souffraient
10. nous parvenons, nous parvenions

2 A.
1. Il pâlissait, il s'évanouissait
2. Je grossissais, tu maigrissais
3. La balle rebondissait
4. Vous applaudissiez
5. Les enfants désobéissaient parfois

B.
1. Je servais le café
2. Les trains repartaient
3. Tu ne retenais rien
4. Cela t'appartenait
5. Nous revenions souvent

3
1. Le chat partait, il courait, il bondissait, il s'enfuyait.
2. Quand elle dormait bien, elle rajeunissait, elle redevenait aimable.
3. Ton copain survenait sans prévenir, il surgissait toujours à l'improviste.
4. Cette petite fille mentait, sa rougeur la trahissait.
5. Le lierre envahissait la façade de la maison et recouvrait les fenêtres.

4
1. Je me souvenais de mon enfance et je m'attendrissais.
2. Il mourait de faim, il devenait agressif.
3. Je choisissais un spectacle et je sortais chaque soir.
4. Tu ne parvenais pas à trouver la solution, tu réfléchissais.
5. Ce petit avion parcourait un long trajet et atterrissait.

5 A. La chambre était glacée. Janine sentait le froid la gagner en même temps que s'accélérait la fièvre. Elle respirait mal ; ... une sorte de peur grandissait en elle. Elle se retournait, le vieux lit craquait sous son poids. Son mari dormait déjà. ... Les bruits étouffés de la ville parvenaient jusqu'à elle.

B. Les bûchers brûlaient une grande partie de la nuit, tandis que les femmes s'activaient, balayaient, jetaient de l'eau ..., ou bien ajoutaient des branches. Quand le brasier déclinait, c'était le moment qu'Ananta préférait. Giribala se couchait par terre, ..., et la petite fille se blottissait contre elle, enfouissait sa tête ... . Mais elle ne dormait pas.

VERBES DU 3e GROUPE
Imparfait de l'indicatif p. 45

1
1. Nous attendons, nous attendions
2. Tu réponds, tu répondais
3. Il perd, il perdait
4. Je prends, je prenais
5. Vous rendez, vous rendiez
6. Ils entendent, ils entendaient
7. Tu confonds, tu confondais
8. Il comprend, il comprenait
9. Je revends, je revendais
10. Il mord, il mordait
11. Vous descendez, vous descendiez
12. Cela dépend, cela dépendait

2 A.
1. nous résolvons, il résolvait, ils résolvaient le problème.
2. nous recousons, je recousais, nous recousions un bouton.
3. nous dissolvons, tu dissolvais, vous dissolviez une assemblée.

B. 1. nous repeignons, je repeignais une pièce.
2. nous nous plaignons, tu te plaignais souvent.
3. nous rejoignons, elle rejoignait son ami.
4. nous éteignons, vous éteigniez la lampe.
5. nous craignons, nous craignions le danger.
6. nous nous teignons, ils se teignaient les cheveux.

3
1. Ils réapprennent, ils réapprenaient leurs leçons.
2. Elle entreprend, elle entreprenait quelque chose de difficile.
3. Tu apprends, tu apprenais ..., mais tu ne comprends pas ..., tu ne comprenais pas... .
4. Vous reprenez, vous repreniez toujours un dessert.
5. Je surprends, je surprenais Camille, mais elle prend, elle prenait un air indifférent.

4
1. Nous prenions souvent le train et descendions au terminus.
2. Moi, je comprenais bien cette situation, toi, tu prétendais la changer.
3. Chaque fois qu'il tordait le bras de son frère, celui-ci le mordait.
4. Je tondais la pelouse pendant que tu fendais du bois.
5. La rumeur s'étendait ; elle se répandait dans la ville. Cela me rendait malade.
6. Vous vous mépreniez, vous me confondiez avec quelqu'un d'autre.
7. Tu me contraignais à accepter mais cela ne résolvait pas ton problème.
8. Quand Daniel atteignait son but, il feignait la modestie.
9. Ils restreignaient leur activité, ils s'astreignaient au repos.
10. Est-ce que tu répondais toujours ? Cela dépendait de mon humeur.
11. Ils ne changeaient pas d'idée, ils n'en démordaient pas.
12. Vous vous ennuyiez, vous vous morfondiez dans ce village.
13. Je me détendais rarement, je ne m'étendais jamais sur mon lit.
14. Vous défendiez mal votre opinion, vous sous-entendiez trop de choses.
15. Un sac à dos pendait à son épaule alors qu'il redescendait l'escalier.

5
A. ..., il attendait le courrier. ..., il descendait ... . il prenait les enveloppes. Il craignait ... . Il revenait ..., ouvrait les lettres et répondait à chacune. ..., il suspendait son travail et se détendait un peu.

B. En été, on déjeunait sur une grande terrasse qui regardait la Seine et on prenait le café dans le jardin qui occupait tout le toit de l'immeuble. Il y avait une piscine. Personne ne se baignait.

VERBES DU 3e GROUPE
Imparfait de l'indicatif p. 47

1

1. Tu lisais	11. Tu plaisais
2. Il disait	12. Ils se taisaient
3. Vous concluiez	13. Vous distrayiez
4. Je riais	14. Je buvais
5. Il vivait	15. Ils maudissaient
6. Ils écrivaient	16. Nous élisions
7. Nous suivions	17. Tu décrivais
8. Je traduisais	18. Nous souriions
9. Tu faisais	19. Nous excluions
10. Vous croyiez	20. Cela suffisait

2
1. Qu'est-ce que vous disiez ?
Je ne disais rien.
2. Qu'est-ce que vous écriviez ?
Je n'écrivais pas grand chose.
3. Qu'est-ce que vous croyiez ?
Je ne croyais rien du tout.
4. Est-ce que vous suiviez un régime ?
Non, je n'en suivais pas.
5. Est-ce que vous lisiez ?
Non, je ne lisais pas.
6. Avec qui est-ce que vous viviez ?
Je ne vivais avec personne.
7. À qui est-ce que vous plaisiez ?
Je ne plaisais à personne.
8. Est-ce que vous vous distrayiez parfois ?
Non, je ne me distrayais jamais.
9. Est-ce que vous riiez quelquefois ?
Non, je ne riais jamais.
10. Qu'est-ce que vous faisiez alors ?
Je me taisais, je maudissais la vie!

3
1. Je poursuivais mes études, nous poursuivions nos études.
2. Le médecin prescrivait ..., les médecins prescrivaient un traitement, il inscrivait ..., ils inscrivaient le nom des médicaments.
3. Ce chanteur séduisait ..., ces chanteurs séduisaient le public.
4. Je n'excluais ..., nous n'excluions aucune hypothèse, je ne concluais rien, nous ne concluions rien.
5. Son discours produisait ..., ses discours produisaient toujours de l'effet... .
6. Il buvait ..., ils buvaient ..., il s'autodétruisait ..., ils s'autodétruisaient chaque jour.

7. Tu te taisais, mais tes yeux traduisaient ton bonheur, vous vous taisiez, mais vos yeux traduisaient votre bonheur.
8. Je me distrayais et je croyais oublier mon chagrin, nous nous distrayions et nous croyions oublier notre chagrin.
9. Tu défaisais ton nœud de cravate, vous défaisiez votre nœud de cravate.
10. Elle se construisait …, elles se construisaient un personnage, elle contrefaisait sa voix, elles contrefaisaient leur voix.

4
1. Il se contredisait … et se dédisait … . Ils se contredisaient … et se dédisaient … .
2. Il se complaisait … . Nous nous complaisions à dire des bêtises.
3. Cette accusation nuisait à sa réputation. Ces accusations nuisaient à leur réputation.
4. Vous médisiez et vous prédisiez … . Cassandre médisait et prédisait toujours … .
5. La lune luisait dans le ciel. Les étoiles luisaient dans le ciel.
6. Vous élisiez les députés. On élisait les députés.
7. Marcel écrivait ses souvenirs, il décrivait … de son enfance, il revivait son passé. J'écrivais mes souvenirs, je décrivais … de mon enfance, je revivais mon passé.
8. Mon père proscrivait …, il m'interdisait … . Tu proscrivais certains mots, tu m'interdisais de les utiliser.
9. Cette personne se conduisait très mal, elle me déplaisait. Ces gens se conduisaient très mal, ils me déplaisaient.
10. Cette situation ne nous satisfaisait pas, elle nous faisait réfléchir. Ces événements ne nous satisfaisaient pas, ils nous faisaient réfléchir.

5 J'écrivais … …, j'éteignais … et j'attendais … . Elle revenait … . Elle ouvrait … . Je faisais semblant de dormir.

VERBES DU 3e GROUPE
Imparfait de l'indicatif p. 49

1
1. Il apparaissait, ils apparaissaient
2. Je permettais, nous permettions
3. Tu reconnaissais, vous reconnaissiez
4. Tu admettais, vous admettiez
5. Il promettait, ils promettaient
6. Elle disparaissait, elles disparaissaient
7. Il connaissait, ils connaissaient
8. Je combattais, nous combattions
9. Tu transmettais, vous transmettiez
10. Je me battais, nous nous battions
11. Il mettait, ils mettaient
12. Tu interrompais, vous interrompiez

2
1. Nous pouvons, je pouvais
2. Nous voyons, il voyait
3. Nous savons, vous saviez
4. Nous voulons, tu voulais
5. Nous valons, il valait
6. Nous devons, vous deviez
7. Nous devons, tu devais
8. Nous nous asseyons, elle s'asseyait
9. Nous voyons, ils voyaient
10. Nous recevons, je recevais
11. Nous pouvons, ils pouvaient
12. Nous nous assoyons, nous nous assoyions

3
A. 1. Il voyait …, il recevait … .
2. Tu devais partir, tu ne pouvais pas rester ici. Il pleuvait trop.
3. Ils se débattaient …, ils ne voyaient plus personne .
4. Quand nous nous apercevions …, nous devions … .
5. Je ne voulais pas répondre mais je savais ce qu'il fallait faire.

B. 1. Le soleil disparaissait …, mais réapparaissait … .
2. Vous voyiez … . Il fallait être … .
3. La chaleur croissait, les enfants s'ébattaient … .
4. Ils interrompaient … et remettaient … .
5. Nous nous convainquions peu à peu de la nécessité de partir.

4
A. 1. Ces affaires compromettaient le début de sa (leur) carrière politique.
2. Vous commettiez … et vous émettiez … !
3. Les publicistes concevaient et promouvaient un nouveau produit (de nouveaux produits).
4. Ils aimaient le jeu, ils n'abattaient jamais leurs cartes trop tôt.
5. Nous omettions de leur demander leur avis, nous ne leur soumettions pas les documents …, ils l'admettaient … .

B. Ils ne voyaient personne. Ils ne savaient rien … . Ils ne recevaient aucun coup de fil. Ils mettaient … . Ils pouvaient vivre ainsi. Quand il pleuvait et qu'il fallait sortir, ils devaient se forcer. Ils se convainquaient que la situation ne pouvait pas évoluer, que cela ne valait pas la peine d'espérer. Ils ne voulaient pas croire à la chance.

5 ..., nous allions passer ... . Le matin du départ, ma mère rangeait nos affaires, ..., nous sortions les valises, mon père verrouillait ..., puis il plaçait tout ... et nous grimpions dans la voiture qui démarrait. ..., nous bondissions ..., courions ..., nous reconnaissions les lieux, faisions irruption ... . Ils nous attendaient ... . Nos jeux d'enfants pouvaient recommencer.

ÊTRE, AVOIR, VERBES DU 1er GROUPE
Passé composé de l'indicatif p. 51

1 Je n'ai pas eu,
tu n'as pas eu,
il (elle) n'a pas eu,
nous n'avons pas eu,
vous n'avez pas eu,
ils (elles) n'ont pas eu de chance.

J'ai été malade,
tu as été malade,
il (elle) a été malade,
nous avons été malades,
vous avez été malade(s),
ils (elles) ont été malades.

2
1. Il a été jeune, il a été beau.
2. Tu as été témoin de cet accident.
3. Vous avez été gentil pour moi.
4. J'ai été sans nouvelles de toi.
5. Nous avons été dans les affaires.
6. J'ai eu de quoi vivre.
7. Tu as eu le temps de réfléchir.
8. Elles ont eu un bon diplôme.
9. Vous avez eu des soucis.
10. Il n'y a rien eu de grave.

3 J'ai travaillé,
tu as travaillé,
il (elle) a travaillé,
nous avons travaillé,
vous avez travaillé,
ils (elles) ont travaillé toute la journée.

J'ai dansé,
tu as dansé,
il (elle) a dansé,
nous avons dansé,
vous avez dansé,
ils (elles) ont dansé toute la nuit.

4 A.
1. Il a parlé longtemps.
2. ..., tu as trouvé la solution.
3. J'ai rencontré des amis.
4. Nous avons adopté un enfant.
5. Vous avez critiqué ses actes.
6. Les deux frères ont discuté.
7. Tu as refusé de me répondre.
8. J'ai cherché à comprendre.
9. Nous avons nagé pendant une heure.
10. Où a-t-on enregistré ce disque ?

B.
1. J'ai oublié le rendez-vous.
2. Ils ont loué un bateau.
3. Tu as tué le temps.
4. Elle a recréé l'atmosphère d'antan.
5. Est-ce que je t'ai ennuyé(e) ?
6. Nous avons grillé un feu rouge.
7. Est-ce que vous avez saigné ?
8. Qu'est-ce que vous avez négocié ?
9. Jusqu'à quelle heure as-tu travaillé ?
10. Le chômage a diminué.

C.
1. Elle a élevé seule ses trois enfants.
2. J'ai préféré me taire.
3. Ils ont acheté une voiture.
4. Nous avons jeté un coup d'œil.
5. Comment est-ce que vous avez réglé ?
6. Est-ce que tu as espéré le revoir ?
7. Est-ce qu'il a harcelé sa secrétaire ?
8. Qu'est-ce qu'ils ont projeté ?
9. Vous avez appelé au secours.
10. Pourquoi m'as-tu appelé(e) ?

5
1. Est-ce que tu as accepté ce cadeau ?
   Oui, je l'ai accepté avec plaisir.
2. Quelle est la ville que nous avons visitée ?
   Nous avons visité Nantes.
3. Est-ce qu'il a inventé ces histoires ?
   Oui, il les a inventées facilement.
4. Est-ce qu'elles ont raconté des blagues ?
   Oui, elles en ont raconté souvent.
5. Est-ce qu'il y a eu des orages ?
   Oui, il y en a eu.
6. Est-ce que vous avez eu de la peine ?
   Oui, j'en ai eu beaucoup.
7. Cette maison a-t-elle été à vendre ?
   Oui, elle l'a été.
8. Est-ce que vous avez composté les billets ?
   Oui, je les ai compostés.
9. Est-ce que tu as été content de lui parler ?
   Oui, j'en ai été très content.
10. De quoi ont-ils eu peur ?
    Ils ont eu peur d'être ridicules.
11. Est-ce que tu as remercié ton père ?
    Oui, je l'ai remercié.
12. Est-ce que vous avez beaucoup marché ?
    Oui, nous avons beaucoup marché.
13. Est-ce qu'il a rangé ses affaires ?
    Non, il ne les a pas du tout rangées.
14. Avez-vous beaucoup travaillé ce soir ?
    Non, je n'ai pas travaillé.
15. Ces musiciens ont-ils donné des concerts ?
    Oui, ils en ont donné d'excellents.

VERBES DES 2e ET 3e GROUPES
Passé composé de l'indicatif p. 53

1 J'ai réfléchi,
tu as réfléchi,
il (elle) a réfléchi,
nous avons réfléchi,
vous avez réfléchi,
ils (elles) ont réfléchi au problème.

J'ai obtenu,
tu as obtenu,
il (elle) a obtenu,
nous avons obtenu,
vous avez obtenu,
ils (elles) ont obtenu satisfaction.

2 A. 1. Cette petite fille a grandi vite.
2. Tu n'as pas obéi, alors, je t'ai puni(e).
3. Il a rougi, il a pâli, il a réagi.
4. Nous avons vieilli.
5. Vous avez réuni vos amis.
6. Est-ce qu'ils ont tout démoli ?

B. 1. La fusée a aluni, les hélicoptères ont atterri, l'hydravion a amerri.
2. Le pétrole a jailli du sol, les usines ont envahi le désert.
3. Est-ce que les policiers ont approfondi leur enquête ?
4. ..., le dompteur a ébloui les jeunes enfants.
5. Tu as investi ton argent à la Bourse. Tu as acquis des actions.
6. Le vent a faibli, le voilier a ralenti sa course.
7. Le chien a surgi, le voleur a déguerpi à toute vitesse.
8. Le parlement a aboli une loi.
9. Toi, tu as accompli un exploit, moi, je n'ai rien réussi.
10. Vous avez averti les pompiers, leurs sirènes ont retenti tout de suite.

3 A. 1. Elle a accueilli ses enfants.
2. L'eau a bouilli dans la bouilloire.
3. J'ai toujours dormi longtemps.
4. Nous avons cueilli des framboises.
5. Pourquoi as-tu menti ?
6. L'accident a failli arriver.
7. Le garçon a desservi la table.
8. J'ai ressenti une vraie surprise.
9. Mes chats ont fui devant ce chien.
10. Vous avez d'abord servi les enfants.

B. 1. Il a ouvert ses volets.
2. Tu as découvert l'indépendance.
3. J'ai entrouvert la porte.
4. Nous t'avons offert un séjour à la mer.
5. Ils ont souffert de la chaleur.
6. Vous avez tenu votre promesse.
7. Elle a bien entretenu sa maison.
8. Je n'ai rien retenu.
9. Ces livres ont appartenu à mon père.
10. Tu as détenu un secret.

4 1. Tu as ressenti ..., tu as enfin consenti ... .
2. Elle a tressailli, elle a défailli ... .
3. Les animaux ont senti ..., ils ont fui ... .
4. Les journalistes ont assailli ..., ils ont recueilli ... .
5. Je n'ai pas dormi, j'ai pressenti ... .
6. La radio a annoncé : « Les forces de l'ordre ont contenu les manifestants ».
7. Qui a détenu ... ? Qui a maintenu la paix ?
8. Nous avons obtenu ... .
9. La jeune fille a couru. Elle a parcouru un long trajet ... .
10. Vous avez retenu une table au restaurant ... .

5 1. C'est, c'était, ç'a été
2. Il y a, il y avait, il y a eu
3. Je pense, je pensais, j'ai pensé
4. Tu tousses, tu toussais, tu as toussé
5. Tu oublies, tu oubliais, tu as oublié
6. Ils jouent, ils jouaient, ils ont joué
7. Nous payons, nous payions, nous avons payé
8. Il bricole, il bricolait, il a bricolé
9. Vous choisissez, vous choisissiez, vous avez choisi
10. Elles mentent, elles mentaient, elles ont menti
11. Je maintiens, je maintenais, j'ai maintenu
12. Ils finissent, ils finissaient, ils ont fini
13. Tu cours, tu courais, tu as couru
14. Ils découvrent, ils découvraient, ils ont découvert
15. Je conquiers, je conquérais, j'ai conquis
16. Cela me choque, cela me choquait, cela m'a choqué(e)

VERBES DU 3e GROUPE
Passé composé de l'indicatif p. 55

1 A. 1. Est-ce que tu as attendu longtemps ?
2. Qu'est-ce qu'il t'a répondu ?
3. Nous avons vendu notre maison.
4. Elle a perdu beaucoup d'argent.
5. Où est-ce que tu as connu Paula ?
6. Pourquoi m'avez-vous interrompu(e) ?

B. 1. Où est-ce que j'ai mis mon sac ?
2. Est-ce qu'ils ont pris un taxi ?
3. Est-ce que tu as appris la nouvelle ?

4. Qu'est-ce qu'il a promis ?
5. Tu n'as rien compris!
6. Ton départ m'a surpris(e).

C. 1. Est-ce qu'il a éteint la lumière ?
2. Nous avons craint de nous perdre.
3. Ils n'ont pas atteint leur but.
4. Vous l'avez plaint.

D. 1. J'ai peint le plafond.
2. Tu as battu les œufs en neige.
3. J'ai rompu le silence.
4. Ils n'ont pas démordu ... .

2

1. Est-ce qu'il t'a rendu ... ou est-ce qu'il les a perdues ? Il me les a rendues.
2. Est-ce qu'ils ont abattu tous les arbres ? Oui, ils les ont tous abattus.
3. Est-ce que vous avez admis votre erreur ? Oui, je l'ai admise.
4. Est-ce qu'ils ont rejoint leurs amis ? Non, ils ne les ont pas rejoints.
5. Est-ce que tu as décousu l'ourlet de ta robe ? Oui, je l'ai décousu.
6. Est-ce que vous avez remis ... ? Oui, je les leur ai remises.
7. Est-ce que tu as dépeint la situation ? Oui, je l'ai dépeinte.
8. Est-ce que le président a dissous l'assemblée ? Non, il ne l'a pas dissoute.

3

1. Est-ce que vous avez vendu vos tableaux ? Oui, nous les avons vendus.
2. Où a-t-il mis ses chaussettes ? Il les a mises dans le tiroir de la commode.
3. Comment as-tu reconnu Laura ? Je l'ai reconnue à ses yeux.
4. Pourquoi lui a-t-elle tendu un piège ? Elle lui a tendu un piège car elle le déteste.
5. De quelle couleur avez-vous repeint votre salle de bains ? Je l'ai repeinte en vert.
6. Quand as-tu rendu visite à ta grand-mère ? Je lui ai rendu visite hier.
7. Qu'est-ce qu'ils ont promis à leurs enfants ? Ils leur ont promis un beau voyage.
8. En quelle année a-t-il perdu sa femme ? Il l'a perdue en 1990.
9. Quel crime ai-je commis ? Tu n'as commis aucun crime.
10. Pourquoi as-tu feint la surprise ? Je ne l'ai pas feinte, j'étais vraiment surpris(e).

4

1. Je n'ai pas reconnu Peter, je l'ai confondu avec son frère.
2. Il a défendu son projet, il l'a soumis au vote des députés.
3. Nous avons combattu nos adversaires. Nous avons débattu le projet de loi.
4. Ils ont correspondu longtemps, puis ils ont suspendu leur correspondance.
5. Je lui ai tendu la main, cela a détendu l'atmosphère.
6. Ils ont entrepris des réformes, ils ont accru la production.
7. Il a méconnu son talent. Il a compromis sa carrière de chanteur.
8. Tu as émis des doutes, tu as résolu d'attendre.
9. As-tu entendu les nouvelles, t'a-t-on transmis les informations ?
10. Vous avez répandu de fausses rumeurs, vous avez corrompu les témoins.
11. Ils ont vaincu nos scrupules, ils nous ont convaincus.
12. Il m'a contraint(e) à démissionner. Il m'a enjoint de me retirer.

VERBES DU 3e GROUPE
Passé composé de l'indicatif p. 57

1

1. Nous avons élu	7. Elles ont nui
2. Tu as traduit	8. Elle a vécu
3. Vous avez fait	9. Vous avez dit
4. J'ai distrait	10. Nous avons suivi
5. Ils ont conclu	11. Il a suffi
6. Tu as plu	12. Ils ont ri

2

1. Hier, j'ai lu et j'ai écrit des lettres.
2. Tu n'as rien dit, mais tu as souri.
3. Il a suivi tes conseils. Cela t'a plu.
4. Avez-vous interdit de fumer ici ?
5. Les yeux du chat ont lui dans la nuit.
6. Nous avons vécu des moments difficiles.
7. J'ai introduit ma carte dans l'appareil.
8. Il a conclu son discours.
9. Cela n'a pas suffi à calmer la foule.
10. L'inondation a produit des dégâts.
11. Ils ont poursuivi leurs études.
12. Nous n'avons pas exclu cette idée.
13. Qu'est-ce que tu as fait hier ?
14. J'ai inscrit mon fils à l'école.
15. Qui est-ce que vous avez élu ?
16. Nous avons conduit lentement.
17. Ils n'ont pas réduit leur vitesse.
18. Qui a construit cette tour ?
19. Vous avez soustrait ce document.
20. Pourquoi avez-vous tu la vérité ?

3

1. Nous avons fait fortune.
2. Tu as fait la tête.
3. Ils ont fait des études.
4. Est-ce que le temps vous a fait défaut ?
5. Ce bruit m'a fait peur.
6. J'ai fait une erreur.
7. Elle nous a fait part de son mariage.

8. Ce cadeau m'a fait plaisir.
9. J'ai fait partie de ce club.
10. Nous avons fait semblant de … .

4

1. Est-ce que ce spectacle a distrait les enfants ? Est-ce qu'ils ont ri ?
   Oui, il les a distraits. Oui, ils ont ri.
2. Qu'est-ce que l'astrologue vous a prédit ? Comment a-t-il décrit votre avenir ?
   Il m'a prédit une aventure. Il l'a décrit radieux.
3. Le médecin t'a prescrit des médicaments. Est-ce qu'ils ont produit de l'effet ?
   Oui, ils en ont produit.
4. Pourquoi avez-vous exclu cette solution ? Qu'est-ce qui vous a déplu ?
   Nous l'avons exclue car elle était mauvaise. Sa complexité m'a déplu.
5. Est-ce que ses trois divorces ont nui à sa réputation ? Comment a-t-il séduit… ?
   Oui, ils y ont nui.
   Il l'a séduite par son intelligence.

5

A. 1. Il a interdit les manifestations. Il n'a pas interdit … .
2. Il a réduit les libertés. Il n'a pas réduit … .
3. Il a exclu les étrangers. Il n'a pas exclu … .
4. Il a survécu à la crise. Il n'a pas survécu … .

B. 1. J'ai dit quelque chose. Je n'ai rien dit.
2. J'ai fait rire tout le monde. Je n'ai fait rire personne.
3. J'ai ri aussi. Je n'ai pas ri non plus.
4. Cela m'a plu. Cela ne m'a pas plu.

VERBES DU 3e GROUPE
Passé composé de l'indicatif p. 59

1

A.

1. J'ai dû	7. Il a plu
2. Ils ont su	8. Nous avons vu
3. Nous avons bu	9. Elles ont voulu
4. Il a valu	10. Il a fallu
5. Vous avez pu	11. Tu as cru
6. Tu as reçu	12. Vous avez assis

B. 1. … . Nous avons dû déménager.
2. Hier, il a plu … . Je n'ai pas pu sortir.
3. Est-ce que vous avez vu ce film ?
   Non, je n'ai pas voulu le voir.
4. Tu n'as jamais su danser!
   Il a toujours fallu… !
5. La cantatrice a ému … . Elle a reçu … .
6. Tu as trop bu! Tu n'as pas voulu t'arrêter.
7. Nous n'avons pas cru … .
8. Ils n'ont pas voulu ou ils n'ont pas su me comprendre.
9. J'ai dû faire un effort … . Il a fallu … .
10. Elle a reçu des nouvelles … .

2

1. Est-ce que tu as cru cette histoire ?
   Non, je ne l'ai pas crue.
2. Est-ce que vous avez aperçu … ?
   Non, nous n'avons rien aperçu.
3. Est-ce qu'ils ont revu cette émission … ?
   Oui, ils l'ont revue trois fois.
4. Quand est-ce qu'Albert Camus a reçu … ?
   Il l'a reçu en 1957.
5. Qui a conçu la Pyramide du Louvre ?
   C'est M. Pei qui l'a conçue.
6. Quel temps a-t-on prévu pour demain ?
   On a prévu de la pluie.
7. Est-ce que cette nouvelle t'a déçu(e) ?
   Oui, elle m'a déçu(e).
8. Est-ce que vous avez perçu son inquiétude ?
   Oui, nous l'avons perçue.
9. Est-ce que cette solution a prévalu … ?
   Oui, elle a prévalu … .
10. Est-ce que l'infirmière a assis la malade … ?
    Oui, elle l'y a assise.

3

Des amis m'ont reçu(e) … . Nous avons bu … et, quand il a fallu …, j'ai dû appeler … . …, j'ai aperçu une voiture … et j'ai cru … . J'ai voulu monter, mais je n'ai pas pu. … et j'ai vu que c'était une ambulance!

4

1. Ce soir, nous devons, nous devions, nous avons dû partir tôt.
2. Est-ce que tu sais, tu savais, tu as su cela ?
3. Pour l'apéritif, ils boivent, ils buvaient, ils ont bu du pastis.
4. C'est vrai que nous pouvons, nous pouvions, nous avons pu le faire.
5. Pourquoi est-ce que vous ne voulez pas, vous ne vouliez pas, vous n'avez pas voulu … ?
6. …, il pleut, il pleuvait, il a plu.
7. …, il faut, il fallait, il a fallu faire très attention.
8. Qu'est-ce que tu prévois, tu prévoyais, tu as prévu pour les vacances ?
9. …, je reçois, je recevais, j'ai reçu des claques.
10. … ils croient, ils croyaient, ils ont cru cet escroc.

VERBES CONJUGUÉS AVEC ÊTRE
Passé composé de l'indicatif p. 61

1

Je suis allé(e),
tu es allé(e),
il est allé,
elle est allée,
nous sommes allé(e)s,
vous êtes allé(e)(s),
ils sont allés,
elles sont allées en discothèque et

je suis rentré(e),
tu es rentré(e),
il est rentré,
elle est rentrée,
nous sommes rentré(e)s,
vous êtes rentré(e)(s),
ils sont rentrés,
elles sont rentrées à l'aube.

2
1. Je suis allé(e) te voir.
2. Tu es resté(e) dans ton lit.
3. Il est tombé de sa moto.
4. Ils sont souvent sortis.
5. Elle est partie sans regret.
6. Elles sont arrivées à six heures.
7. Vous êtes rentré(e)(s) très tard.
8. Elle est retombée sur ses pieds.
9. Elle est née. Il est mort.
10. Ils sont déjà revenus.

3
1. Comment est-ce que tu es allé(e) à ton bureau ?
   – J'y suis allé(e) à pied.
2. Comment est-ce que vous y êtes allé(e)s ?
   – Nous y sommes allé(e)s à cheval.
3. Est-ce qu'elle est venue avec Jeremy ?
   – Non, elle est venue seule.
4. Sont-ils revenus de Madrid par le train ?
   – Non, ils en sont revenus en voiture.
5. Est-ce qu'elles sont allées chez Pierre ?
   – Oui, elles sont allées chez lui … .

4
1. Ils ont monté l'escalier … .
   Ils ne sont jamais montés par l'ascenseur.
2. Tu es entré(e) … dans la pièce.
   Tu as entré des données dans l'ordinateur.
3. Vous avez passé un examen.
   Vous êtes passé(e)(s) devant un jury.
4. J'ai retourné cette idée dans ma tête et je suis retourné(e) à mon point de départ.
5. Nous avons rentré la voiture dans le garage, puis nous sommes rentré(e)s … .

5
1. Où es-tu passé(e) pendant deux heures ?
   – Je suis allé(e) au cinéma.
2. Où as-tu passé tes vacances ?
   – Je les ai passées en Bretagne.
3. Depuis quand sont-elles rentrées ?
   – Elles sont rentrées depuis hier.
4. Pourquoi avez-vous rentré le linge ?
   – Nous l'avons rentré à cause de la pluie.
5. Quand es-tu parti(e) ? … es-tu arrivé(e) ?
   – Je suis parti(e) tôt, je suis arrivé(e) à 8h.
6. Sur quoi sont-ils montés ? Est-ce qu'ils sont tombés ?
   – Ils sont montés sur la table.Oui, ils sont tombés par terre.
7. Qu'est-ce que vous avez monté dans le grenier ?
   – Nous avons monté les valises.
8. Quand es-tu retourné(e) voir ce film ?
   – Je suis retourné(e) le voir hier.
9. Qu'est-ce que tous vos amis sont devenus ?
   – Ils sont tous repartis.
10. À quelle heure Julie est-elle arrivée ?
   – Elle est arrivée à dix heures.

6
A. 1. Un accord est intervenu … .
2. Est-ce que ces paquets sont parvenus … ?
3. J'ai prévenu les pompiers … .
4. Pourquoi est-ce qu'elle n'est pas revenue me voir ?
5. La révolte est survenue à la grande surprise des gouvernants.

B. …, une passion est née … .Nous sommes devenus … . …, nos parents ont subvenu … . …, nous avons sorti … et nous sommes partis … . Nous avons descendu … ; nous n'avons jamais remonté le courant. …, nous sommes presque morts de peur et nous en sommes ressortis … . …, nous sommes rentrés … .

LES VERBES PRONOMINAUX
Passé composé de l'indicatif p. 63

1
Je me suis amusé(e),
tu t'es amusé(e),
il s'est amusé,
elle s'est amusée,
nous nous sommes amusé(e)s,
vous vous êtes amusé(e)(s),
ils se sont amusés,
elles se sont amusées.

Je me suis assis(e),
tu t'es assis(e),
il s'est assis,
elle s'est assise,
nous nous sommes assis(e)s,
vous vous êtes assis(e)(s),
ils se sont assis,
elles se sont assises.

2
1. Nous nous sommes réveillé(e)s tard et nous nous sommes levé(e)s à midi.
2. Je me suis brûlé(e) et je me suis soigné(e).
3. Il ne s'est pas appauvri, il s'est enrichi.
4. Tu t'es rapproché(e) de l'écran, tu t'es mis(e) au premier rang.
5. Ils se sont sentis en danger, ils se sont bien défendus.

3
A. 1. Ils se sont arrêtés au feu rouge.
2. Il s'est sorti de ses difficultés.
3. Elles se sont crues en sécurité.
4. Vous ne vous êtes pas perdu(e)(s)… .
5. Elle ne s'est pas habituée au climat.

B. 1. Nous ne nous sommes jamais revu(e)s.
2. Ils se sont souvent battus.
3. Elles se sont longuement téléphoné.
4. Vous vous êtes écrit toutes les semaines.
5. Ils se sont souri tendrement.

C. 1. Nous nous sommes moqué(e)s de lui.
2. Tu t'es aperçu(e) de ma présence.
3. Elles se sont tues à notre arrivée.
4. Elle s'est souvenue de cette rencontre.
5. Vous ne vous êtes douté(e)(s) de rien.

D. 1. Ce studio s'est loué très vite.
2. La peur s'est lue dans ses yeux.
3. Une réunion importante s'est tenue… .
4. La ville s'est reconstruite peu à peu.
5. Les portes se sont ouvertes … .

4 A. 1. Elle s'est pris le doigt … .
Elle s'est prise pour un génie.
2. Ils se sont présenté leurs amis.
Ils se sont présentés à l'examen.
3. Elles se sont fait des reproches.
Elles se sont faites à leur nouvelle vie.

B. 1. Ils se sont envoyé des cartes postales.
Les lettres qu'ils se sont envoyées … .
2. Elles se sont montré des dessins.
Je n'ai pas vu les dessins qu'elles se sont montrés.
3. Elle s'est permis une critique … .
Les critiques qu'elle s'est permises étaient justifiées .
4. Elle s'est rappelé son enfance. Elle se l'est rappelée.

C. 1. Elle s'est dit … .
2. Ils se sont mariés, ils se sont promis … .
3. Nous nous sommes demandé … .
4. … ? Ils ne s'y sont pas intéressés.
5. … ? Elles ne s'en sont pas rendu compte.
6. Est-ce qu'elle s'est servie … ?
Non, elle s'en est passée.
7. Vous vous êtes occupé(e)s … ? Non, nous ne nous en sommes pas occupé(e)s.
8. … . Elles s'y sont vraiment très mal pris.

ÊTRE, AVOIR, VERBES DES 1er ET 2e GROUPES

Plus-que-parfait de l'indicatif p. 65

1 1. J'avais été … . J'avais eu envie … .
2. Tu avais eu tort. Tu avais été … .
3. Cela n'avait pas été … . Il n'y avait rien eu à faire.
4. Nous avions eu … . Nous n'avions pas été … .
5. Vous n'aviez eu qu'à vous taire. Vous aviez été responsable.
6. Ils n'avaient pas eu … . Tout avait été … .

2 1. Ils étaient allés … et ils avaient nagé. …, ils étaient retournés chez eux.
2. Elle avait téléphoné … : elle était arrivée.
3. La cantatrice avait chanté, avait salué et on lui avait donné … .
4. Ils étaient restés …, ils avaient bavardé, puis ils étaient rentrés.
5. L'enfant avait grimpé …, était tombé et avait crié … .
6. Toi, tu avais marché, Pedro avait préféré … .
7. J'avais cherché …, je ne l'avais pas trouvé et je m'étais inquiété(e).
8. …, un tigre avait surgi, avait bondi … .
9. Elle avait entré la clé …, puis nous étions entrés … .
10. Vous aviez passé la frontière, vous étiez passé(e)(s) par la Suisse.

3 A. 1. Est-ce qu'il y avait eu … ?
– Non, il n'avait pas neigé.
2. Est-ce que la rivière avait gelé ?
– Oui, mais elle avait dégelé … .
3. Est-ce que la pluie avait continué ?
– Oui, elle avait provoqué … .
4. Est-ce que la foudre était tombée ?
– Oui, elle avait brûlé … .
5. Est-ce que les bateaux étaient rentrés … ?
– Oui, ils étaient arrivés … .
6. Est-ce qu'Éva avait cessé … ?
– Oui, mais elle était restée … .
7. Est-ce que tu t'étais évanoui(e) ?
– Non, j'avais eu … .
8. Est-ce qu'il s'était agi … ?
– Oui, il en avait été question.
9. Est-ce qu'ils avaient monté … ?
– Oui, ils n'en avaient oublié aucune.
10. Quand m'avais-tu appelé(e) ?
– J'avais essayé de te joindre … .

B. 1. Quand étiez-vous allé(e) acheter … ?
– Je l'avais achetée en 1995.
2. À quelle heure est-ce que tu t'étais levé(e) ?
– Je m'étais réveillé(e) … .
3. Pourquoi avions-nous choisi … ?
– … parce qu'elle n'avait pas vieilli
4. Comment est-ce que tu avais évité … ?
– J'avais ralenti … .
5. Qu'est-ce qui les avait bouleversés ?
– …, ils étaient tombés … .

4 A. Nous avions dîné … . Nous n'avions commandé que le plat … . C'était V.B. qui avait réglé … . Il avait fouillé … et il avait fini par rassembler … .

B. … . Il s'était accoudé …, elle l'avait enlacé, et ils s'étaient embrassés. La jeune fille s'était cachée … .

VERBES DU 3e GROUPE
Plus-que-parfait de l'indicatif p. 67

1 A. 1. Tu avais dormi
2. Ils avaient peint
3. J'avais pris
4. Elles étaient nées
5. Ils s'étaient battus
6. Nous avions perdu
7. Elle avait mis
8. Vous étiez descendu(e)(s)
9. Elle avait attendu
10. Tu étais venu(e)
11. Il était sorti
12. J'avais connu

B. 1. Quand il lui avait répondu, il lui avait menti.
2. Tu étais parti(e) et tu étais revenu(e) … .
3. Elles avaient senti …, elles s'étaient enfuies.
4. Nous avions ouvert …, nous avions servi … .
5. L'explosion était survenue … . Plusieurs personnes étaient ressorties … .
6. L'inquiétude avait crû, l'atmosphère était devenue … .
7. Le bruit de sa démission avait couru, il avait tenu à s'expliquer … .
8. Une jeune femme avait rompu … puis avait répandu … .
9. Vous vous étiez souvenu(e)(s) …, mais vous aviez mal résolu … .
10. Les bateaux avaient fui … et s'étaient débattus … .

2 1. Est-ce que vous étiez parvenu(e)s … ?
– Oui, … nous étions mort(e)s de soif.
2. Où étais-tu parti(e) ?
– J'étais sorti(e) tôt … .
3. Est-ce qu'elle s'était souvenue … ?
– Oui, elle avait rompu … et elle en avait souffert.
4. Est-ce qu'ils avaient répondu … ?
– Non, ils avaient interrompu … .
5. Comment est-ce qu'ils avaient acquis … ?
– Ils avaient vendu … .
6. Qui avait ouvert … ?
– Personne ne l'avait découvert.
7. Est-ce que le président avait mis fin … ?
– Oui, il l'avait dissous.
8. Est-ce que vous n'aviez pas compris ?
– Oui et j'avais craint … .
9. Comment est-ce que tu avais vaincu … ?
– J'avais rejoint la femme de mes rêves.
10. … la cassette que tu m'avais prise ?
– Je te l'avais rendue … .

3 Les deux jeunes gens étaient descendus … et ils avaient entrepris une de ces longues marches que chacun avait toujours appréciée(s). Ils avaient bavardé, ils avaient échangé …, puis ils avaient couru …, avaient écouté …, avaient chanté … …, ils avaient ressenti … et avaient compris qu'ils s'étaient enfin trouvés. Ils étaient revenus … .

VERBES DU 3e GROUPE
Plus-que-parfait de l'indicatif p. 69

1 1. J'avais écrit
2. Nous avions ri
3. Il s'était aperçu
4. Ils avaient vécu
5. Tu avais vu
6. Il avait fallu
7. J'avais voulu
8. Il avait suffi
9. Tu avais fait
10. Ils avaient dit
11. Il s'était tu
12. Vous aviez reçu
13. Nous avions suivi
14. Vous aviez plu
15. Nous avions pu
16. Ils avaient su
17. Il avait plu
18. J'avais bu
19. Vous aviez dû
20. Tu avais lu
21. Je m'étais assis(e)

2 1. Cette région avait produit … .
2. Tes lettres l'avaient ému(e) … .
3. Nous n'avions pas cru … .
4. J'avais relu … .
5. Le spectacle des passants nous avait distrait(e)s … .
6. Est-ce que tu avais traduit … ?
7. Ils s'étaient assis … .
8. Ce film nous avait plu.
9. Vous aviez su cela … .
10. … qu'on l'avait prévu.

3 1. … la lettre que tu m'avais écrite.
2. … les erreurs qu'elle avait déjà faites.
3. Ton attitude t'avait valu … .
4. Ces rumeurs avaient nui … .
5. … les médicaments que le médecin m'avait prescrits.
6. Les événements que vous nous aviez prédits ne se sont pas produits.
7. … les accords qu'ils avaient conclus.
8. … la carte qu'il avait introduite … .
9. … les projets que vous aviez conçus ?
10. Je ne l'avais pas reconnue.

4 1. … ah si j'avais pu!
2. … pourtant, si tu avais voulu!
3. … ah si j'avais su!
4. … ah si je l'avais connue avant!
5. … ah si tu me l'avais dit!
6. … ah si elle l'avait compris!
7. … ah si je l'avais cru!

8. … ah si vous m'aviez écrit plus tôt!
9. … ah si tu avais fait un effort!
10. … ah si j'avais conduit moins vite!

ÊTRE, AVOIR, ALLER, VERBES DU 1er GROUPE
Futur de l'indicatif p. 71

1 Demain, je serai majeur(e),
tu seras majeur(e),
il sera majeur,
elle sera majeure,
nous serons majeur(e)s,
vous serez majeur(e)(s),
ils seront majeurs,
elles seront majeures.

J'aurai,
tu auras,
il (elle) aura,
nous aurons,
vous aurez,
ils (elles) auront dix-huit ans.

J'irai,
tu iras,
il (elle) ira,
nous irons,
vous irez,
ils (elles) iront voter.

2 Demain,
1. tu seras …, tu auras …, tu seras … .
2. ce sera …, nous aurons …, nous serons … .
3. j'aurai …, je serai libre, je serai en vacances, je serai heureux.
4. vous serez …, il y aura …, ce sera … .

3 A. 1. Est-ce que tu iras … ?
– Non, je n'irai pas.
2. Est-ce que tout ira mieux … ?
– Non, rien n'ira mieux.
3. Est-ce qu'ils s'en iront … ?
– Oui, ils s'en iront … .
4. Est-ce que vous irez … ?
– Non, nous irons à bicyclette.
5. Est-ce que cette veste ira … ?
– Non, elle n'ira pas avec ce pantalon.

B. 1. Est-ce que vous enverrez ce télégramme ?
– Oui, nous l'enverrons.
2. Est-ce que tu enverras ta démission … ?
– Non, je ne l'enverrai pas.
3. Est-ce que vous paierez (payerez) vos impôts ?
– Oui, nous les paierons (payerons)
4. Est-ce que ces images effraieront (effrayeront) vos enfants ?
– Oui, elles les effraieront (effrayeront).
5. Est-ce que tu t'ennuieras sans moi ?
– Oui, je m'ennuierai sans toi.

4
1. Je te téléphonerai …, nous te téléphonerons ce soir.
2. Tu photocopieras …, vous photocopierez … .
3. L'orage continuera, les orages continueront.
4. Il jouera …, ils joueront … .
5. Elle créera …, elles créeront … .
6. Tu m'accompagneras …, vous m'accompagnerez … .
7. Tu m'expliqueras ton idée, vous m'expliquerez votre idée.
8. Je me réveillerai …, nous nous réveillerons tôt.
9. Tu remercieras tes grands-parents, vous remercierez vos grands-parents.
10. Elle déménagera …, elles déménageront en juin.
11. J'essaierai (J'essayerai) d'être exact, nous essaierons (essayerons) d'être exacts.
12. Tu emploieras …, vous emploierez … .

5
1. À quelle heure est-ce que tu te lèveras demain matin ? Je me lèverai à sept heures.
2. Est-ce que vous jetterez tous ces vieux papiers ? Non, nous ne les jetterons pas.
3. Comment appelleras-tu ton bébé ? Je l'appellerai Antoine.
4. Est-ce que tu achèteras des billets pour ce concert ? Oui, j'en achèterai plusieurs.
5. Est-ce que tu t'inquiéteras pour moi ? Non, je ne m'inquiéterai pas pour toi.
6. Est-ce que vous pèlerez tous ces fruits ? Oui, nous les pèlerons tous.
7. Quand est-ce que ces travaux s'achèveront ? Ils s'achèveront dans un mois.
8. Est-ce que Mathieu avouera sa bêtise à son père ? Oui, il la lui avouera.
9. Est-ce que vous saluerez cet hypocrite ? Oui, nous le saluerons.
10. Est-ce que tu te débrouilleras pour venir ? Oui, je me débrouillerai.

6 A. …, nous quitterons …, nous monterons … ; il traversera …, passera …, s'arrêtera … . Nous regarderons le soleil qui se lèvera …, nous nous baignerons …, nous nous allongerons … . Il n'y aura …, ce sera … . …, nous enverrons des cartes postales … .

B. Tu marcheras, j'irai dans l'ombre à ton côté : je serai ton esprit, tu seras ma beauté.

VERBES DES 2e ET 3e GROUPES
Futur de l'indicatif p. 73

1 Je finirai mon travail,
tu finiras ton travail,
il (elle) finira son travail,
nous finirons notre travail,
vous finirez votre travail,
ils (elles) finiront leur travail ce soir.

Je partirai,
tu partiras,
il (elle) partira,
nous partirons,
vous partirez,
ils (elles) partiront à l'étranger.

Je reviendrai,
tu reviendras,
il (elle) reviendra,
nous reviendrons,
vous reviendrez,
ils (elles) reviendront bientôt.

2
1. Cet enfant grandira et mincira, ces enfants grandiront et minciront.
2. Tu réfléchiras et tu choisiras, vous réfléchirez et vous choisirez.
3. Je réagirai et j'applaudirai, nous réagirons et nous applaudirons.
4. Elle rougira ou elle pâlira de joie, elles rougiront ou elles pâliront de joie.
5. Je vieillirai et je faiblirai doucement, nous vieillirons et nous faiblirons doucement.
6. Tu maigriras et tu rajeuniras, vous maigrirez et vous rajeunirez.

3
1. Est-ce que tu haïras toujours cet homme ? Oui, je le haïrai toujours.
2. Est-ce que vous investirez de l'argent … ? Non, je n'en investirai pas.
3. Est-ce qu'ils garantiront ce produit pendant deux ans ? Oui, ils le garantiront … .

4
1. Quand est-ce que tu partiras ?
2. Mentiront-ils encore longtemps ?
3. Est-ce que nous nous sentirons mieux ?
4. Est-ce qu'il se servira de sa moto ?
5. Qu'est-ce qu'ils découvriront ?
6. Qu'est-ce que tu lui offriras ?
7. Docteur, est-ce que je souffrirai ?
8. Est-ce que vous fuirez ?
9. Est-ce qu'elles cueilleront des fleurs ?
10. Est-ce qu'il sortira vite de l'hôpital ?

5
1. Je tiendrai ma promesse.
2. Tu viendras me voir.
3. Ils soutiendront ce candidat.
4. Nous nous en souviendrons.
5. Vous ne mourrez pas de cela.
6. Il acquerra ce cheval.
7. Que deviendrez-vous ?
8. Je parviendrai à mes fins.
9. Ils s'enfuiront cette nuit.
10. Qui entretiendra cette maison ?

6
1. Tu démentiras cette information.
2. Les pompiers interviendront.
3. Les enfants s'endormiront.
4. Elle courra le marathon.
5. Cela n'aboutira à rien.
6. Nous reconquerrons ce pays.
7. Tu te repentiras d'avoir dit cela.
8. Ils aboliront la peine de mort.
9. Tu n'obtiendras rien comme cela.
10. Vous préviendrez tout le monde.

7 …, il pèsera … et mesurera …, puis il grandira vite, il grossira bien, il mangera comme un ogre. Il nous éblouira. Nous dormirons peu car il pleurera la nuit, nous ne sortirons plus …, nous nous occuperons de lui … .
Quand il aura quinze ans, il se révoltera …, il nous fuira, il partira …, nous nous inquiéterons, nous nous demanderons ce qu'il fait, et quand il rentrera très tard, tu te fâcheras. Ensuite, il changera …, il continuera …, il tombera …, il ne tiendra pas en place, il voyagera, il découvrira le monde et reviendra rarement à la maison.
…, il déménagera …, il s'installera …, il travaillera et deviendra tout à fait indépendant. … nous serons fiers de lui.

VERBES DU 3e GROUPE
Futur de l'indicatif p. 75

1 J'apprendrai,
tu apprendras,
il (elle) apprendra,
nous apprendrons,
vous apprendrez,
ils (elles) apprendront le français.

Je vivrai seul(e),
tu vivras seul(e),
il (elle) vivra seul(e),
nous vivrons seul(e)s,
vous vivrez seul(e)(s),
ils (elles) vivront seul(e)s,

Je boirai,
tu boiras,
il (elle) boira,
nous boirons,
vous boirez,
ils (elles) boiront un verre.

2 A. 1. J'attendrai, ils attendront
2. Tu répondras, nous répondrons
3. Il perdra, vous perdrez
4. Le chien ne mordra pas
5. Elle comprendra, elles comprendront
6. Je peindrai, nous peindrons
7. Tu ne craindras rien, vous ne craindrez rien.
8. Il se joindra, ils se joindront à nous
9. Je résoudrai, nous résoudrons
10. Tu recoudras, vous recoudrez

B. 1. Il lira. J'écrirai
2. Nous dirons. Ils maudiront
3. Tu riras. Tu vivras
4. Vous conclurez. Je traduirai
5. Il mettra. Vous romprez
6. Vous boirez. Vous suivrez
7. Tu paraîtras. Nous distrairons
8. Ils croiront. Je me tairai
9. Nous connaîtrons. Elle plaira
10. Il vaincra. Tu disparaîtras

3 1. Est-ce que tu feras la vaisselle ?
– Oui, je la ferai.
2. Est-ce que vous ferez du vélo ?
– Oui, nous en ferons.
3. Est-ce qu'il fera du yoga ?
– Non, il n'en fera pas.
4. Est-ce que ta mère fera ton lit ?
– Oui, elle le fera.
5. Est-ce qu'ils se feront du souci ?
– Oui, ils s'en feront.
6. Est-ce que tu prendras le train ?
– Non, je ne le prendrai pas.
7. Est-ce que vous vendrez la maison ?
– Oui, nous la vendrons.
8. Est-ce que tu descendras à la cave ?
– Oui, j'y descendrai.
9. Est-ce que vous rejoindrez un ami ?
– Oui, nous rejoindrons Laurent.
10. Est-ce que vous éteindrez la lumière ?
– Oui, je l'éteindrai.

4 A. 1. Tu défendras tes droits.
2. Vous vous entendrez bien.
3. Le conflit se résoudra un jour.
4. Patrice nous rendra service.
5. Je mettrai le couvert.
6. Vous relirez la lettre.
7. Cela suffira à le calmer.
8. Tu t'inscriras à l'école.
9. Je sourirai tendrement.
10. Tu te battras pour réussir.

B. 1. Il poursuivra sa route.
2. Ils interdiront l'entrée du magasin.
3. Tu plairas à tout le monde.
4. Il coproduira ce film.
5. Nous exclurons cette idée.
6. Elle comparaîtra au procès.
7. Ils contrediront le témoin.
8. Nous romprons ce lien.
9. J'admettrai ta faiblesse.
10. Le bébé naîtra en juin.

C. 1. Elle survivra à ses ennuis.
2. Je croirai tout.
3. Tu vaincras sa résistance.
4. Je perdrai la tête.
5. Elle moudra le café.
6. Il interrompra son interlocuteur.
7. Elle répandra la bonne nouvelle.
8. Nous referons cette expérience.
9. Cela dépendra de toi.
10. J'atteindrai mon but.

5 A. …, l'équipe de Nantes se battra …, la télévision retransmettra le match. Nous le regarderons ; … je me tairai, je ne dirai rien, puis le suspense croîtra, je craindrai …, tu me contrediras, tu te mettras à crier. Seule la fin du match interrompra notre dispute. Tu me reconduiras chez moi … .

B. …, vous prendrez votre décision …, vous rejoindrez notre mouvement …, car vous savez que je vous défendrai, que j'étendrai les réformes qui correspondront …, que je vous rendrai la vie plus facile, que je restreindrai vos charges, que je suspendrai certaines taxes. …, nous entreprendrons de grands travaux, vous ne vous plaindrez plus, vous ne craindrez plus le chômage, vous réapprendrez à espérer. …, vous ne perdrez pas cette occasion … . …, mes opposants mordront la poussière! …, les jeunes comprendront …! … vous m'élirez!

VERBES DU 3e GROUPE
Futur de l'indicatif p. 77

1 A. 1. Ils verront
2. Il vaudra
3. Je pourrai
4. Tu recevras
5. Il pleuvra
6. Tu sauras
7. Ils voudront
8. Nous devrons
9. Il faudra
10. Ils recevront
11. Il s'assiéra
12. Vous pourrez

B. 1. Je recevrai du courrier.
2. Est-ce que tu pourras venir ?
3. Nous ne verrons pas la route.
4. Ils ne pourront pas tout faire.
5. Il ne faudra pas te taire.
6. Elle ne voudra pas divorcer.
7. Vous ne saurez pas tout.
8. Ils devront annuler le rendez-vous.
9. Vous vous assiérez par terre.
10. Il vaudra mieux rentrer tôt.

2
1. Est-ce que je devrai répondre à toutes ces questions ? Oui, tu devras y répondre.
2. Est-ce que je saurai y répondre ? Oui, tu sauras y répondre.
3. Est-ce que tu pourras m'aider ? Oui, je pourrai t'aider.
4. Est-ce que vous verrez cette exposition ? Oui, nous la verrons (je la verrai).
5. Est-ce que vous voudrez me donner quelques conseils ? Oui, je voudrai vous en donner quelques-uns.

3
Quand tu voudras entrer..., il faudra ... . Tu devras ..., puis tu recevras ... ., tu ne sauras pas ..., mais tu verras, ... tu pourras te débrouiller. ..., la première fois que tu t'assiéras ... .

4
1. Est-ce qu'il pleuvra demain ?
2. Est-ce qu'il faudra prendre ... ?
3. Est-ce qu'ils s'apercevront... ?
4. Est-ce que ses paroles émouvront ... ?
5. Est-ce que M. Ling percevra le loyer ... ?
6. Est-ce que tu reverras Etienne ?
7. Est-ce que ton silence équivaudra ... ?
8. Est-ce que ce voyage ne nous décevra pas ?
9. Est-ce que vous prévoirez tout ... ?
10. Est-ce que nous entreverrons ... ?

5
Ils iront ... . Ils prépareront ... . Ils arrangeront ..., le feront repeindre ... . Et ils erreront, ... Ils le verront ... . Ils vendront leurs livres ... . Ils courront les tailleurs ... . Ils feront leurs malles ... . Ils n'auront pas trente ans. Ils auront la vie devant eux. Ils quitteront Paris ... . Ils seront presque seuls ... ., le train prendra de la vitesse ... . Ils partiront. Ils abandonneront tout. Ils fuiront.

ÊTRE, AVOIR, ALLER
VERBES DES 1er, 2e ET 3e GROUPES
Futur antérieur de l'indicatif — p. 79

1
1. Elle aura été championne ... . Elle aura eu une coupe.
2. Tu auras beaucoup voyagé. Tu seras allé(e) dans le monde entier.
3. J'aurai tout oublié. Je serai parti(e) très loin.
4. Ils n'auront pas couru de risques. Ils auront réussi.
5. Nous aurons parcouru ... . Nous serons revenu(e)s ici.
6. Vous vous serez sentis épuisés. Vous aurez dormi longtemps.

2
1. ..., il y aura eu ... .
2. Le voyage qui se termine aura été une réussite.
3. Nous aurons dîné ... .
4. Tu ne seras pas arrivé(e) ... .
5. Ils se seront aimés ... .
6. ..., nous aurons créé notre entreprise.
7. ..., vous nous aurez appelé(e)s ... .
8. ..., le restaurant aura servi ... .
9. ... et je ne serai pas monté(e) ...!
10. ..., tous les conseils des ministres se seront tenus ... .

3
... . J'aurai fini ... et je serai devenu(e) ... . J'aurai découvert ... . Je me serai bien amusé(e), je serai souvent sorti(e) ..., je me serai promené(e) ... . Je me serai intéressé(e) ..., je serai parvenu(e) ... et j'aurai acquis ... . Mais je ne me serai pas enrichi(e)!

4
1. ... dès que le bébé se sera endormi.
2. ... quand tu auras réfléchi.
3. ... lorsque nous aurons choisi ... .
4. ... après que je serai intervenu(e).
5. Une fois qu'ils seront entrés ... .
6. Dès que je me serai installé(e) ... .
7. Aussitôt que les moniteurs auront ouvert ... .
8. ... lorsque vous m'aurez passé ... .
9. ... quand tu te seras acheté ... .
10. ... aussitôt que tu auras sorti la voiture ... .

5
1. Je les aurai finies (nous les aurons finies) à vingt-cinq ans.
2. À quarante ans, j'aurai créé ma société et j'aurai fondé une famille.
3. Dans dix ans, j'aurai peint de nombreux tableaux, je serai peut-être devenu célèbre!
4. En 2050, les méthodes de travail auront changé, on aura découvert un vaccin contre le Sida, mais des maladies nouvelles seront apparues.
5. Dans 50 ans, l'eau sera devenue rare, les forêts auront presque disparu.

VERBES DU 3e GROUPE
Futur antérieur de l'indicatif — p. 81

1
1. J'aurai fait
2. Nous aurons lu
3. Il aura ri
4. Tu auras répondu
5. Ils auront connu
6. Vous aurez su
7. Nous aurons craint
8. J'aurai dû
9. Il aura plu
10. Tu auras vu
11. Nous aurons pris
12. Elle aura conclu
13. Vous aurez traduit
14. J'aurai écrit
15. Tu auras dit
16. Il aura vécu

17. Ils auront assis
18. Nous aurons reçu
19. Tu auras voulu
20. J'aurai cru
21. Il aura résolu
22. Vous aurez attendu
23. J'aurai peint
24. Elle aura plu
25. Il aura fallu
26. Nous aurons pu
27. Ils auront vaincu
28. Tu auras battu
29. Elle sera née
30. Vous aurez perdu

2
1. Il aura fait … .
2. Qu'auront-ils dit ? Qu'auront-ils écrit ? Que leur aurez-vous répondu ?
3. Est-ce que tu auras reçu … ?
4. Ils auront lu, ils auront vu, ils auront connu, ils auront compris l'essentiel.
5. On aura vaincu …, on aura atteint …, on aura bien ri.
6. Nous aurons bientôt vendu … .
7. Je n'aurai pas mis beaucoup de temps, j'aurai repeint … .
8. Est-ce que les deux pays auront conclu … ?
9. Il lui aura suffi …, elle l'aura séduit … .
10. Quel chemin est-ce que vous aurez pris ? Où est-ce qu'on vous aura conduit(e)(s) ?

3
1. Quand tu auras bu …!
2. Aussitôt qu'il aura plu … .
3. Après qu'ils auront vécu … .
4. Lorsque j'aurai repris des forces, … .
5. Une fois que vous aurez suivi … .
6. Quand tes triplés seront nés, … .
7. … lorsque vous nous aurez rejoint(e)s.
8. Dès que nous aurons élu … .
9. … quand tu te seras tu(e).
10. Lorsque tu auras résolu ton problème, … .
11. Ce chien aura mordu … .
12. … quand je me serai assis(e) ?
13. … lorsque cette poudre se sera dissoute … ?
14. … il aura fallu faire …!
15. Quelles rumeurs auront-ils répandues … ?

4
1. … quand ils se seront vus, qu'ils se seront souri, qu'ils se seront plu ?
2. … quand ils se seront battus, se seront fait mal, se seront dit … ?
3. … quand ils se seront écrit, se seront répondu, se seront rejoints ?
4. … quand elle se sera aperçue qu'elle est seule ?

ÊTRE, AVOIR, ALLER
VERBES DU 1er GROUPE
Passé simple de l'indicatif p. 83

1
il arriva : arriver,
Il passa : passer,
lança : lancer,
Il y eut : avoir,
Il appela : appeler,
avança : avancer,
resta : rester,
Cet instant fut : être,
Il pénétra : pénétrer,
observa : observer,
Il chercha : chercher,
il s'en alla : s'en aller,
Sa première histoire … se termina : se terminer

2
A. 1. …, il y eut … et j'eus peur.
2. Tu eus …, cela fut … .
3. Nous fûmes très étonnés, nous eûmes du mal … .
4. …, vous fûtes …, puis vous eûtes envie … .
5. Ils furent heureux, ils eurent beaucoup d'enfants.

B. 1. …, il fut …, il eut beaucoup de succès … .
2. …, nous eûmes une vraie émotion, nous fûmes très émus.
3. Dès que j'eus vingt ans, je fus responsable de tout.
4. La discussion fut violente, tu eus raison de partir.
5. …, l'hiver fut glacial, tout le monde eut très froid.

3
1. …, Philippa tourna le dos et rentra chez elle.
2. Les trois enfants montèrent l'escalier et frappèrent à la porte.
3. La mère se pencha sur le berceau et chanta une berceuse.
4. Nous gagnâmes au loto et embarquâmes pour une île … .
5. Tu essayas de ne rien dire, puis tu avouas la vérité.

4
1. Que demanda-t-elle … ?
2. Qui appela-t-il … ?
3. Comment élevèrent-ils … ?
4. Où allèrent-ils … ?
5. Pourquoi risquèrent-elles leur vie … ?

5
A. 1. Il hésita, il se tâta, puis il se hâta … .
2. Vous vous mariâtes ; puis, vous vous ennuyâtes ensemble et vous vous séparâtes.
3. L'homme se leva, sa voix s'éleva, tout le monde leva les yeux.
4. Vous déménageâtes mais vous négligeâtes de payer le loyer.
5. Ils se promenèrent sur Jupiter, puis ils ramenèrent les enfants sur terre.

B. La télécarte glissa …, l'écran indiqua … et Alexandra pianota … . Il y eut plusieurs sonneries durant lesquelles elle se répéta … . L'autobus 58 s'arrêta … .

VERBES DES 2e ET 3e GROUPES
Passé simple de l'indicatif p. 85

1 Théo ouvrit :ouvrir ... et partit : partir.
Il courut : courir.
Il réussit : réussir ... et finit : finir.
..., son regard s'obscurcit : s'obscurcir.
Il se souvint : se souvenir.
Il devint : devenir ... et sortit : sortir.

2
1. Il grossit, ... elle maigrit.
2. Nous réunîmes ..., et nous les avertîmes ... .
3. Le ciel s'assombrit, le temps se rafraîchit.
4. Le malade guérit ..., nous nous en réjouîmes.
5. Les spectateurs réagirent et applaudirent.
6. Elle réfléchit beaucoup et elle choisit ses bottes.
7. Les avions atterrirent et ralentirent ... .
8. Tu grandis ... et je vieillis ... .
9. Je pâlis ... et je m'évanouis.
10. Vous rajeunîtes et vous embellîtes.

3
1. Je repartis
2. Tu mentis
3. Elle mourut
4. Ils s'endormirent
5. Ils sortirent
6. Vous courûtes
7. Je tressaillis
8. Je revins
9. Vous dormîtes
10. Elles servirent le thé
11. Il s'enfuit
12. Nous souffrîmes

4
1. Il pressentit ..., il ressentit ... .
2. Elle devint ... et elle partit.
3. Tu ne démentis pas ... . Nous découvrîmes ... .
4. Elle ouvrit ... et elle accueillit ... .
5. J'intervins et je parvins ... .
6. ..., nous nous souvînmes ... .
7. Je m'enquis ... . Je n'obtins ... .
8. Il soutint ... et il maintint ... .
9. Les policiers accoururent. Ils secoururent ... .
10. Je retins ..., je contins ... .

5 Elle parcourut ..., elle parvint ... . Une peur affreuse l'assaillit. Elle défaillit. Elle découvrit ..., le couvrit ... . Il entrouvrit ... mais n'y parvint pas. Elle retint ..., elle contint ... . Les gens accoururent. La foule devint dense. Un homme prévint la police. ...! Elle recueillit le dernier soupir de son amant qui mourut ... .

6 A. Elle s'enfuit, rentra ... et s'enferma dans sa chambre ... .

B. Quand ils furent ..., le train s'ébranla. Charlotte saisit l'enfant ..., la souleva, parvint ... .

VERBES DU 3e GROUPE
Passé simple de l'indicatif p. 87

1 Je pris,
tu pris,
il (elle) prit,
nous prîmes,
vous prîtes,
ils (elles) prirent un exemple.
Je vécus,
tu vécus,
il (elle) vécut,
nous vécûmes,
vous vécûtes,
ils (elles) vécurent à Madrid.

2
1. Je rendis, nous rendîmes
2. Tu perdis, vous perdîtes
3. Elle comprit, elles comprirent
4. Tu descendis, vous descendîtes
5. J'appris, nous apprîmes
6. Il dit, ils dirent
7. Je lus, nous lûmes
8. Tu ris, vous rîtes
9. Il fit, ils firent
10. Tu tus, vous tûtes
11. Il écrivit, ils écrivirent
12. Je conclus, nous conclûmes
13. Tu résolus, vous résolûtes
14. Il peignit, ils peignirent
15. Je craignis, nous craignîmes

3 A.
1. Nous répondîmes tout de suite.
2. Ils vendirent tous leurs fruits.
3. Je n'entendis pas sa question.
4. Elle confondit les dates.
5. Ils apprirent à skier.
6. Nous rejoignîmes la route principale.
7. Je résolus mon problème sans lui.
8. Tu ne plaignis pas l'assassin.
9. Ils entreprirent de monter sur le toit.
10. Vous contraignîtes le voleur à s'enfuir.

B.
1. Ils écrivirent leurs souvenirs.
2. Nous nous plûmes très vite.
3. Il traduisit des romans anglais.
4. Vous vécûtes en Autriche.
5. Tu ne suivis pas mes conseils.
6. Ils refirent leurs comptes.
7. Je me tus par prudence.
8. Tu décrivis ta maison.
9. Vous conclûtes votre discussion.
10. Cela nuisit à l'environnement.

4 A. …, quand Adrien répondit …, il ne comprit pas bien … et le confondit … . …, ils poursuivirent … et prirent rendez-vous … . …, Adrien se rendit … mais quand il atteignit …, … Arnaud qui le rejoignit! La surprise se peignit … et ils rirent …!

B. …, les habitants de Cimet élurent un maire … . Quand il fit faire …, il n'exclut aucune suggestion, il n'interdit pas la contestation. Lorsque ses opposants lui décrivirent …, il suivit quelques-unes de leurs idées. On détruisit …, et on en construisit … . Même s'ils ne plurent pas à tout le monde, ces travaux suffirent … .

5 A. Il se tut … . Minuit sonna pendant le silence qui suivit.

B. …, quand Julien descendit …, ce fut avec beaucoup de peine que les gendarmes parvinrent … .

C. Il lui fit … : une fille qui mourut … . Les deux garçons prirent le parti … ; elle les éloigna … . L'aîné, Georges entra … ; le second, Emile, devint professeur … . Père et fils finirent par se brouiller, il y eut des réconciliations mémorables.

VERBES DU 3e GROUPE
Passé simple de l'indicatif p. 89

1 Je parus,
tu parus,
il parut,
nous parûmes,
vous parûtes,
ils parurent furieux.

Je voulus,
tu voulus,
il (elle) voulut,
nous voulûmes,
vous voulûtes,
ils (elles) voulurent parler.

2
1. Remettre : je remis
2. Combattre : tu combattis
3. Admettre : il admit
4. Rompre : vous rompîtes
5. Vaincre : ils vainquirent
6. Naître : je naquis
7. Connaître : nous connûmes
8. Savoir : nous sûmes
9. Pouvoir : tu pus
10. Devoir : je dus
11. Falloir : il fallut
12. Pleuvoir : il plut
13. Vouloir : vous voulûtes
14. Recevoir : ils reçurent
15. Voir : vous vîtes
16. S'asseoir : elle s'assit
17. Émouvoir : tu émus
18. Boire : je bus
19. Croire : tu crus
20. Croître : elle crût

3 A.
1. Il parut étonné.
2. Vous permîtes cette découverte.
3. Ils interrompirent la réunion.
4. Je convainquis le public.
5. Elle battit son record de vitesse.
6. Elles reconnurent leur erreur.
7. Nous nous remîmes au travail.
8. Tu apparus à la fenêtre.
9. Tu ne crus pas à ses mensonges.
10. Ils burent à leur victoire.

B.
1. Mon idée prévalut.
2. Tu aperçus enfin la sortie.
3. Ils conçurent un plan ambitieux.
4. Vous ne déçûtes pas vos amis.
5. Nous vîmes soudain un tigre.
6. J'entrevis la solution.
7. Il promut ce jeune cadre.
8. Elles s'assirent sous un chêne.
9. Il fallut s'arrêter.
10. Ils ne surent jamais la vérité.

4 A. Oscar naquit … . Il vécut …, puis voulut … . Là, il se mit … . …, il dut …, vainquit l'anonymat. Ses expositions battirent … Enfin, il connut … . Mais, un jour, il disparut et ne réapparut jamais.

B. Le clown entreprit … . Mais il perdit l'équilibre, …, il se tordit une cheville, se mordit la langue et reçut son violon sur la tête. Il s'assit …, se plaignit très fort, voulut se relever mais ne le put pas. …, il reprit son violon … .

C. … si vous le lûtes,
… si vous le reçûtes,
… vous le crûtes,
… si vous le dûtes,
… si vous le pûtes,
… vous le voulûtes,
… si vous le vîtes,
… si vous lui écrivîtes,
… vous le fîtes.

5 …, je m'aperçus … . Je le vis dans son œil … . Oh! je le vis, je le sus, je le sentis, je le compris tout de suite. … . Et j'en eus la preuve … . Je fus jaloux … . Voilà qu'un soir, je la sentis heureuse. Je feignis … . Et, tout à coup, je devinai. Je résolus de me venger.

ÊTRE, AVOIR, ALLER, VERBES DES 1er, 2e ET 3e GROUPES
Passé antérieur de l'indicatif p. 91

1
1. Tu eus été, vous eûtes été
2. J'eus eu, nous eûmes eu
3. Il fut allé, elles furent allées
4. Tu eus joué, ils eurent joué
5. Je fus resté(e), elle fut restée
6. Il eut fini, ils eurent fini
7. Tu fus parti(e), vous fûtes parti(e)(s)
8. Je fus venu(e), il fut venu
9. Elle eut tenu, ils eurent tenu

2
A. 1. Aussitôt que j'eus remarqué … .
2. Quand il se fut éloigné, … .
3. Une fois que nous eûmes observé Yann, … .
4. Lorsque j'eus dépensé toute ma fortune, … .
5. Dès qu'ils s'en furent allés, … .

B. 1. Une fois qu'Ulysse eut parcouru le monde, … .
2. Aussitôt qu'il fut revenu, … .
3. Dès que le silence se fut établi, … .
4. Lorsqu'elle eut fini de chanter, … .
5. Dès que je me fus souvenu(e) de mon rendez-vous, … .

C. 1. Aussitôt que nous eûmes monté ce spectacle, … .
2. Dès que nous fûmes monté(e)s … .
3. Dès qu'elle eut sorti les marrons du feu, … .
4. Après que vous fûtes sorti(e)(s), … .
5. Quand j'eus retourné toute la maison, … .
6. … après que tu fus retourné dans ton pays ?
7. Dès qu'il eut passé … .
8. Après qu'ils furent passés … .
9. Une fois qu'elle eut rentré les données … .
10. Lorsqu'elle fut rentrée chez elle, … .

3
1. Une fois qu'il eut vérifié les comptes, il s'aperçut qu'il y avait encore des erreurs.
2. Lorsqu'on eut découvert le vaccin, on le commercialisa.
3. Dès que nous eûmes réuni tout le monde, la discussion s'engagea.
4. Aussitôt que le ministre fut arrivé, les journalistes l'assaillirent de questions.
5. Dès qu'il eut conquis le public américain, son succès devint international.

4
A. Meaulnes revint en classe dès qu'il eut été chercher le pain de son goûter.
B. Alexis se releva dès qu'ils furent partis.
C. Après que nous eûmes fini de chanter, … .
D. Dès que la porte se fut refermée … .

VERBES DU 3e GROUPE
Passé antérieur de l'indicatif p. 93

1
1. il eut fait, ils eurent fait
2. j'eus cru, tu eus cru
3. nous eûmes su, vous eûtes su
4. tu eus connu, ils eurent connu
5. j'eus reçu, il eut reçu
6. il eut voulu, nous eûmes voulu
7. tu eus vécu, elles eurent vécu
8. vous eûtes mis, ils eurent mis
9. j'eus dû, elle eût dû

2
A. 1. Dès que tu eus lu sa lettre, … .
2. Une fois qu'il eut appris à conduire, … .
3. Dès que tu eus répondu, … .
4. Aussitôt que j'eus bu de cet alcool, … .
5. Une fois que nous eûmes perdu … .
6. Après qu'ils se furent assis autour de la table, … .
7. Quand vous eûtes dit au revoir … .
8. Lorsqu'elle eut traduit le poème, … .
9. Quand ils eurent rompu la glace, … .
10. Aussitôt qu'ils eurent résolu … .

B. 1. Dès que le bébé fut né, … .
2. Lorsqu'il l'eut vu dans son berceau, … .
3. Une fois qu'il eut vaincu son émotion, … .
4. Quand ils eurent compris leur bonheur, … .

C. 1. Dès qu'il eut plu … .
2. Aussitôt que les organisateurs s'en furent aperçus, … .
3. Une fois que les joueurs eurent rejoint les vestiaires, … .
4. Lorsque j'eus suivi la foule dehors, … .

3
1. Quand il eut pris …, il descendit … .
2. Une fois qu'elle eut peint …, elle le mit … .
3. Dès qu'ils eurent conclu …, ils se tendirent … .
4. Après qu'ils eurent entendu …, ils craignirent le pire.
5. Quand on eut permis …, certains parurent furieux.
6. Dès qu'il eut ri, l'atmosphère se détendit.
7. Après qu'ils eurent fait …, ils durent payer … .
8. Quand les acteurs furent apparus …, on ne put plus … .
9. Aussitôt que tu eus écrit …, tu voulus … .
10. Lorsque les bruits se furent tus, ils crurent rêver.

4
A. Lorsque la paix fut revenue et que le pays eut repris des forces, … .
B. Dès qu'il eut disparu, … .
C. … lorsqu'il fut seul et qu'il eut éteint la lampe, … .

RÉVISION *des verbes à l'indicatif* p. 94

1
1. Tu te moques ..., vous vous moquez de moi.
2. Je m'amuse ..., nous nous amusons bien.
3. Tu ne te trompes pas, vous ne vous trompez pas.
4. Il se méfie ..., ils se méfient de tout.
5. Tu ne te maries pas, vous ne vous mariez pas.
6. Je m'effraie ..., nous nous effrayons pour rien.
7. Tu t'ennuies ..., vous vous ennuyez avec moi.
8. Elle se jette ..., elles se jettent au cou d'Igor.
9. Je me dépêche, je me précipite, nous nous dépêchons, nous nous précipitons.
10. Elle s'étonne ..., elles s'étonnent de ton retard.
11. Je me réveille ..., nous nous réveillons juste.
12. Tu te baignes ..., vous vous baignez dans un lac.
13. Je ne m'habitue pas ..., nous ne nous habituons pas à son caractère.
14. Je m'essuie ..., nous nous essuyons les mains.
15. Ce mot ne s'emploie pas ..., ces mots ne s'emploient pas souvent.
16. Tu te révèles très prudent, vous vous révélez très prudent(s).

2 Tes papiers s'amoncellent... Tu achèves ton roman. Tu insères une phrase, tu intègres un mot plus juste, tu complètes quelques passages. Mais une pensée t'obsède : « Je me répète ». Alors, tu abrèges, tu enlèves les répétitions inutiles, tu aères certains paragraphes.
Soudain, ton chat pénètre dans la pièce et libère ses instincts sauvages : il se jette sur ton bureau, lacère tes papiers. Ses yeux étincellent de colère, il halète. Puis, il délibère : il considère le désastre, opère un virage périlleux sur le bord du bureau, repère un coin tranquille, lève une patte, la lèche avec volupté, se promène de long en large, modère son allure, puis accélère. Mais, il chancelle, tombe et s'écartèle sur le tapis moelleux.
Tu récupères enfin tes papiers éparpillés! Tu espères bien retrouver le calme propice à la créativité.

3 A. Il sort, sortir (3)
il court, courir (3)
il rebondit, rebondir (2)
ils accomplissent, accomplir (2)
ils se blottissent, se blottir (2)

B. Il rétablit, rétablir (2)
il dément, démentir (3)
il éblouit, éblouir (2)
ils abrutissent, abrutir (2)
ils s'affaiblissent, s'affaiblir (2)

C. Il repart, repartir (3)
il surgit, surgir (2)
il engloutit, engloutir (2)
ils frémissent, frémir (2)
ils s'évanouissent, s'évanouir (2)

D. Il sert, servir (3)
il découvre, découvrir (3)
il franchit, franchir (2)
ils blêmissent, blêmir (2)
ils se sentent, se sentir (3)

E. Il offre, offrir (3)
il assaille, assaillir (3)
il emboutit, emboutir (2)
ils bondissent, bondir (2)
ils se servent, se servir (3)

F. Il accueille, accueillir (3)
il souffre, souffrir (3)
il compatit, compatir (2)
ils s'endorment, s'endormir (3)
ils s'accroupissent, s'accroupir (2)

4 Le soir tombe. Le ciel s'obscurcit. Nous venons de finir le dîner. Grand-père ne dort pas encore, du coin de l'œil il regarde les nouvelles à la télévision, mais peu à peu il s'assoupit dans un fauteuil du salon.
Les enfants, eux, n'ont pas sommeil.Ils courent partout, ils vont et viennent, ils entrent et sortent, ils ouvrent et claquent les portes, ils envahissent toutes les pièces! Ils choisissent le moment où personne ne les regarde et ils sautent, ils bondissent sur les fauteuils libres, sur le canapé. Ils remplissent les verres pendant que nous desservons la table, ils les renversent et salissent la nappe. Ils hurlent, ils nous étourdissent de leurs cris, ils nous anéantissent.
Alors, nous nous munissons de patience, nous ne réagissons pas, nous subissons, nous nous sentons sans force face à ces petits monstres pleins de vie qui ne nous obéissent pas et que nous ne punissons pas non plus car nous mourons de fatigue. Pour nous consoler, nos amis blaguent : « C'est normal, ils grandissent! »

p. 95

5 A. Il fait ... et je dois aller ... ., il pleut. ..., je veux prendre un taxi, mais je ne peux pas, ... Je ne sais pas quoi faire, mais il faut que je me décide. Je crois qu'il vaut mieux que je reste chez moi, ...

B. ... il fait 35 degrés ... . Tout est désert ... . une voiture verte arrive ... . La voiture s'arrête à moins de dix mètres ... . On entend le moteur

… . Le temps passe et personne ne bouge. Puis, une portière s'ouvre, … . Un homme sort, … . Il tient un paquet de cigarettes … . Il allume une cigarette. Ses yeux … inspectent l'avenue.

C. « J'ai encore faim, … . Maintenant, je veux une pizza. » C'est une plaisanterie, probablement, car ils rient tous les deux. Mais je ne comprends pas pourquoi. Cela doit faire partie … . Je conclus que du nouveau va sans doute se produire. J'attends.

6
1. elle concourt pour être Miss Monde.
2. il me répond.
3. ils boivent.
4. je tressaille.
5. ils entretiennent ce bâtiment.
6. elle conclut.
7. ils conquièrent ce pays.
8. vous élisez ces syndicalistes.
9. nous détruisons le mur.
10. ils craignent le chômage.

7
A. 1. Il pleuvait
2. Elle pouvait
3. Elle devait
4. Tu avais
5. Je faisais
6. Nous peignions
7. Ils devenaient
8. Je réfléchissais

B. 1. Tu combattais
2. Il disait
3. Je croyais
4. Je dormais
5. Tu buvais
6. Ils étaient
7. Je répondais
8. Il s'ennuyait

C. 1. Ils s'habituaient
2. Tu résolvais
3. Elle vivait
4. Tu savais
5. Il fallait
6. Je pensais
7. Tu riais
8. Il connaissait

D. 1. Vous commenciez
2. Il ne voulait pas
3. Il perdait
4. Elle voyait
5. Je recevais
6. Tu agissais
7. Je traduisais
8. Elle comprenait

p. 96

E. Yolanda ne marchait pas, elle semblait voler, elle était aérienne. Sa jupe … se gonflait puis revenait se coller … et cela recommençait à chaque pas.
Quand elle bougeait, ses cheveux roux flottaient …, se répandaient …, lui effleuraient la joue, se soulevaient … . Elle avançait …, courait parfois, puis ralentissait …, entrouvrait la bouche comme si elle voulait parler, mais elle ne disait rien. Elle souriait.

8
A. Elle restait debout … . Elle attendait, mais elle ne savait pas quoi. Elle sentait …, et le froid qui la pénétrait… . Elle rêvait …, presque sourde aux bruits qui montaient de la rue.

B. Quand la cloche du dîner sonnait, il se réveillait, redescendait … et regagnait la maison. Il faisait semblant …, pendant que tante Edmée remplissait … . Mais il savait bien où il était en réalité.

C. …, ils descendaient …, retrouvaient Florent et Odile … et l'on buvait … . Odile ne rougissait plus …, Florent faisait …, ce qui amusait Gilles … . …, il offrait à Nathalie …, qu'il se prétendait le seul à pouvoir trouver dans la région.

D. La lune était haut dans le ciel. …, on voyait jouer … . Ces silhouettes …, glissaient à la surface, filaient, s'élançaient, se cabraient, s'élevaient, s'envolaient … que leurs mouvements ne connaissaient pas … . C'était une danse … .

9
A. 1. Est-ce qu'il est / était / a été gentil ?
2. Pourquoi est-ce que vous avez / aviez / avez eu l'air inquiet ?
3. Où est-ce qu'ils vont / allaient / sont allés ?
4. En fin de journée, les nuages obscurcissent / obscurcissaient / ont obscurci le ciel.

B. 1. Sais-tu pourquoi ils attendent, ne partent pas / ils attendaient, ne partaient pas / ils ont attendu, ne sont pas partis ?
2. … j'ouvre / ouvrais / ai ouvert des yeux innocents.
3. Est-ce que vous appartenez / apparteniez / avez appartenu à un parti politique ?
4. … nous prévenons / prévenions / avons prévenu les spectateurs trop sensibles.

C. 1. Je ne sais pas pourquoi tu entreprends / entreprenais / as entrepris trop de choses.
2. Ta solution ne résout rien / ne résolvait rien / n'a rien résolu.

3. Je ne comprends pas ce qu'il dit, ce qu'il décrit / ce qu'il disait, ce qu'il décrivait / ce qu'il a dit, ce qu'il a décrit.
4. Est-ce que vous lisez / lisiez / avez lu le journal *Le Monde* ?

p. 97

D. 1. ..., elle vit / vivait / a vécu dans cette maison isolée.
2. Est-ce que vous produisez / produisiez / avez produit des films ?
3. Cet enfant gâté se permet / se permettait / s'est permis de tout critiquer.
4. Le son des cloches interrompt / interrompait / a interrompu le silence du matin.

E. 1. Qu'est-ce que tu fais / faisais / as fait ?
2. Le témoin dit qu'il vous connaît bien / connaissait bien / a bien connu(e).
3. ..., je m'installe / m'installais / me suis installé(e) dans mon fauteuil et je me tais / me taisais / me suis tu(e).
4. ..., ta mère se plaint rarement / se plaignait rarement / s'est rarement plainte.

10 A. Ils sont venus, ils ont pleuré.
Ils ont prié, ils ont fumé.
Ils ont gémi, ils ont crié.
Ils ont fait chauffer du café.
Ils ont bu la goutte en pleurant.
Ils ont parlé d'enterrement.

B. ..., j'ai quitté mon lit, je me suis habillé, je suis sorti de ma chambre, j'ai descendu les escaliers, j'ai pris la route, je suis arrivé à la gare, je suis monté dans le train, je suis allé à la campagne.

C. La première fois que je les ai retrouvés, ..., Jacqueline s'est tournée vers moi, elle m'a souri et elle a poursuivi ... . Je me suis assis à une table. ... Elle est venue me rejoindre ... et V.B. a pris place devant le billard.

11 A. 1. Ils sont venus, ils ont vu la situation, ils ont tenu une assemblée, chacun a défendu son point de vue et ils ont résolu le problème.
2. Mon interlocuteur a maintenu son attitude, cela m'a déplu, mon impatience s'est accrue, mais je l'ai contenue.
3. Un médiateur est intervenu, il s'est entretenu avec les grévistes. Il les a convaincus. Ils sont parvenus à un accord.
4. Le ministre a défendu son projet. Il a discouru longuement, puis il a entendu les questions des députés. Il y a répondu. Ils en ont débattu. L'atmosphère s'est détendue peu à peu, mais brusquement le président a suspendu la séance.
5. Un accident est survenu. Les policiers sont accourus, ils ont secouru les blessés.

B. ..., Nathalie a vu un spectacle qui lui a paru si étrange, un spectacle qui l'a tellement surprise qu'elle n'en a pas cru ses yeux et qu'elle en a perdu la parole. Elle a voulu nous raconter..., elle a ouvert la bouche, elle a dit quelque chose que nous n'avons pas compris. Elle a fait un effort, elle a repris son souffle, mais elle n'a rien pu dire et nous n'avons pas su ... .

p. 98

12 A.1. Vous nous avez aidé(e)s. Merci!
2. Elle est morte.
3. Nous sommes allés voir nos grands-parents.
4. Il ne s'est pas aperçu de sa maladresse.
5. Est-ce que tu es allé à Madrid ?

B. 1. Ils se sont enfuis.
2. Tu ne t'es pas pressé(e).
3. J'ai commencé à parler.
4. Il a toujours été optimiste.
5. Vous vous êtes occupé(e)(s) de cette affaire.
6. Nous avons attrapé froid.
7. J'ai bu.
8. Elle a vieilli.
9. Ils se sont reposés.
10. La voiture accidentée s'est enflammée.

13 A. Quand vous avez appuyé ..., la porte s'est ouverte ..., vous avez allumé ..., vous avez pris l'ascenseur ... vous avez vu Henriette ... ., vous avez commencé ..., et c'est alors qu'elle vous a demandé :
« Qu'est-ce que tu as fait de ta valise ?
– Je l'ai laissée au bureau ; je n'ai pas voulu m'en encombrer ... . »

B. Le président a fait un signe et l'huissier a apporté trois éventails ... que les trois juges ont utilisés ... .
Mon interrogatoire a commencé ... . Le président m'a questionné ... . On m'a encore fait décliner mon identité.
Je n'ai pas eu le temps de réfléchir. On m'a emmené, fait monter ... et conduit à la prison où j'ai mangé. ..., on est revenu me chercher ; tout a recommencé et je me suis trouvé dans la même salle, ...

C. ..., j'ai entendu craquer ... . Il a craqué ... . J'ai frémi. Je me suis tourné. Je n'ai rien vu. Et je n'y ai plus songé. ..., le même bruit s'est produit.

14 A. 1. … . Qu'est-ce que vous aviez fait auparavant ?
2. … . Quelle avait été sa vie ?
3. … ? Est-ce qu'il t'avait rendue malheureuse ?
4. … . Qu'est-ce que tu y avais vu ? Qu'est-ce que tu avais visité ?
5. … . Quel crime avait-elle commis ?

p. 99

B. Il y avait eu … . La secousse avait été forte et nous avions eu très peur. Les gens étaient allés …, ou ils s'étaient précipités … et ils avaient observé … . Nous, nous avions eu … : nous étions descendus … . Vous, vous aviez préféré rester … .Tous nous avions attendu. Cette attente nous avait paru éternelle.

…, personne n'avait crié. Un silence incroyable s'était établi. Nous avions entendu craquer la maison. Cela avait été …, mais finalement rien n'avait cassé, rien de grave n'était tombé chez nous.

La maison avait résisté. …, d'autres habitants étaient sortis … et avaient découvert …, détruits comme si une main géante avait voulu les anéantir.

15 A. …, Olivier était retourné s'asseoir …, il avait descendu la même colline … . …, il avait aperçu son père …, et il l'avait suivi … ; mais il s'était arrêté …, et il était trop tard quand il avait couru …, la porte d'un jardin s'était refermée sur lui.

Il était monté sur le rebord de la grille, … . …, il était resté assis … ; il était revenu à la tombée du jour.

B. Elle avait tourné une page … . Elle en avait eu un violent chagrin. Mais elle ne s'était pas enlisée dans son passé. Elle avait profité de sa liberté … . Elle avait passé des examens, fait des stages et obtenu un certificat qui lui avait permis de travailler … . Elle avait réappris à monter … .

C. …, il nous racontait l'histoire d'Eliot Salter, …, qui, …, avait été un héros de l'aviation. Puis il avait épousé une Argentine et il était devenu le roi de l'armagnac. Il avait acheté ce château. Il avait disparu à la fin de la guerre …, mais il n'était pas mort … .

Mon père avait arraché … une petite affiche … . Et il me l'avait offerte.

16 1. Chance :
– Vous gagnerez au loto, vous recevrez un héritage, vous deviendrez riche, vous tomberez sur un milliardaire …
– Vous perdrez votre portefeuille, vous raterez un avion, vous aurez un accident grave …

2. Amour :
– Vous rencontrerez l'homme ou la femme de votre vie, vous vous comprendrez bien, vous vivrez en parfaite harmonie, vous connaîtrez le bonheur, vous vous marierez …

3. Profession :
– Vous apprendrez une bonne nouvelle, vous obtiendrez une augmentation, vous atteindrez le sommet …, vous pénétrerez dans le monde des patrons, vous acquerrez de solides compétences, vous pourrez faire le travail …
– Vous ferez une faute professionnelle, vous perdrez votre travail, vous devrez de l'argent, vous vous débattrez …, vous ne constaterez pas d'amélioration, vous courrez au désastre, vous irez à la catastrophe.

4. Santé :
– Vous serez en excellente santé, vous vous porterez …, vous embellirez, vous rajeunirez, vous jouerez beaucoup au tennis, vous mènerez une vie saine, vous parviendrez à un bon équilibre …

p. 100

– Vous attraperez une maladie …, vous grossirez beaucoup, vous ferez une dépression nerveuse, vous vous tordrez une cheville, vous vous démettrez une épaule, vous dormirez mal, vous vous évanouirez pour un rien, vous vous démolirez la santé, vous boirez trop d'alcool …

5. Caractère :
– Vous vous montrerez dynamique, vous paraîtrez bien dans votre peau, vous prendrez de l'assurance, vous saurez vous adapter, vous vous épanouirez, vous conquerrez tous les cœurs, vous voudrez toujours…
– Vous subirez les événements, vous vous morfondrez …, vous ne vous détendrez jamais, vous ne reconnaîtrez pas votre échec, vous verrez tout en noir, vous demanderez l'impossible …

17 …, tu oublieras, mon p'tit loup, … .
Je t'amènerai sécher tes larmes … .
On verra le fleuve Amazone … .
On goûtera les harengs crus
et on boira du vin de Moselle …

Je t'apprendrai à la Jamaïque …
et je t'emmènerai faire un pique-nique …

18 A. 1. Demain, le soleil se lèvera … et se couchera à 19h 01.
Hier, le soleil s'est levé … et s'est couché … .
2. Demain, il fera froid …, mais la température se radoucira … .
Hier, il a fait froid …, mais la température s'est radoucie … .
3. Demain, un vent fort soufflera …, puis il s'affaiblira.
Hier, un vent fort a soufflé …, puis il s'est affaibli.
4. Demain, des nuages apparaîtront …, et le ciel se couvrira … .
Hier, des nuages sont apparus …, et le ciel s'est couvert …
5. Demain, la pluie se mettra à tomber …, et des averses atteindront les montagnes …
Hier, la pluie s'est mise à tomber …, et des averses ont atteint … .
6. Demain, il neigera … . Le beau temps ne reviendra pas … .
Hier, il a neigé … . Le beau temps n'est pas revenu … .

B. 1. Aujourd'hui, le temps est variable … .. Le soleil disparaît souvent … .
Hier, le temps était variable … . Le soleil disparaissait souvent … .
2. Aujourd'hui, la moitié Nord subit les effets …, tandis que les régions … bénéficient.
Hier, la moitié Nord subissait les effets …, tandis que les régions … bénéficiaient …
3. Aujourd'hui, il pleut … . Les températures ne dépassent pas …
Hier, il pleuvait … . Les températures ne dépassaient pas …
4. Aujourd'hui, Météo-France prévoit …, le temps commence à se rétablir.
Hier, Météo-France prévoyait …, le temps commençait à se rétablir.

19 Une fois que vous aurez pris votre espresso …, que vous serez descendu à l'Albergo Diurno, …, que vous serez remonté et que, …, vous aurez déposé votre valise … .

p. 101

20 – Est-ce que l'année 1996 aura été une bonne période … ?
– … . Un nouvel acteur aura fait son entrée : tout le poids de l'économie se sera reporté sur la consommation …, c'est-à-dire que nous serons revenus à la situation… .
– Est-ce que les modes de consommation auront changé ?
– Oui, …, les gens auront préféré profiter … et auront négligé les produits de luxe.
– Est-ce que la restructuration des entreprises aura eu des effets … ?
– On aura réduit l'embauche … et le taux de chômage se sera maintenu, mais la courbe des bénéfices se sera améliorée. Certains secteurs n'auront pas subi de transformation, mais beaucoup auront su s'adapter … .
– Est-ce qu'on peut dire qu'en 1996, la confiance se sera rétablie ?
– Oui, les gens se seront remis … …, le gouvernement se sera donné … et il aura atteint … .

21 Lorsque vous me (voir)
je vous (plaire)
Lorsque je vous (voir)
vous me (plaire)
Vous (s'approcher)
et vous me (frôler)…
puis vous me (baiser)…
Nos regards (se croiser)
nos cœurs (s'émouvoir)
nos cœurs (battre)
et ils (s'affoler)…
Puis vous me (laisser)
puis vous me (quitter)
vous (s'en aller)
et vous ne me (faire)
et vous ne me (dire)…
Et moi, je (rester)
je (s'effondrer)
je (soupirer)
et je (sangloter)

22 A. …, un dauphin bondit …, puis y replongea … et disparut. Jeanne … eut peur, poussa un cri, et se jeta … . Puis elle se mit à rire …, et regarda, … …, elle jaillit … Puis, elle retomba, ressortit encore.

B. Je m'étendis …, je suivis … . Je dus rester … . C'est alors que je vis glisser … . Il longea …, puis, … piqua … et se perdit bientôt à l'horizon.

C. Les deux femmes finirent par transporter Eugène …, le couchèrent sur son lit, et la cuisinière lui défit ses vêtements … …, quand sa protectrice eut le dos tourné, Victorine mit un baiser sur le front d'Eugène.

p. 102

23 1. Dès qu'ils se furent assis, la discussion s'engagea.

2. Après qu'il eut écrit sa lettre, il se mit à rêver.
3. Quand il eut attendu patiemment pendant une heure, il commença à s'énerver.
4. Une fois que j'eus conçu ce projet, je tentai de le réaliser.
5. Lorsqu'il eut fait trois fois le tour du stade, il s'écroula.
6. Aussitôt que les musiciens furent entrés, le public se tut.
7. Aussitôt qu'il fut descendu de son tabouret de bar, il acheva sa partie de billard.
8. Après que les ennemis eurent conquis une autre province, le général en chef entreprit d'organiser une résistance armée.
9. Aussitôt que je fus revenu(e), je me servis un whisky bien tassé.
10. Une fois que ses parents lui eurent acheté des rollers, il ne mit plus … .

24 A. 1. La prison, emprisonner : ils emprisonnent / emprisonneront / ont emprisonné / emprisonnèrent les délinquants.
2. Le regret, regretter : je regrette / regretterai / ai regretté / regrettai ton départ.
3. Le départ, partir : je pars / partirai / suis parti(e) / partis à Venise.
4. La descente, descendre : elle descend / descendra / est descendue / descendit du train.
5. La boisson, boire : tu bois / boiras / as bu / bus un grand verre de lait.
6. La survie, survivre : vous survivez / survivrez / avez survécu / survécûtes à ce drame.
7. L'émission, émettre : il émet / émettra / a émis / émit des sons étranges.
8. La déception, décevoir : ils déçoivent / décevront / ont déçu / déçurent leur famille.

B. 1. Le mensonge, mentir : je mens / mentirai / ai menti / mentis en rougissant.
2. La subvention, subvenir : il subvient / subviendra / a subvenu / subvint à ses besoins.
3. La morsure, mordre : le chien mord / mordra / a mordu / mordit le facteur.
4. L'élection, élire : nous élisons / élirons / avons élu / élûmes les députés.
5. La poursuite, poursuivre : vous poursuivez / poursuivrez / avez poursuivi / poursuivîtes votre chemin.
6. Le combat, combattre : ils combattent / combattront / ont combattu / combattirent le racisme.
7. L'abolition, abolir : le président abolit / abolira / a aboli / abolit la peine de mort.
8. La noyade, noyer : tu noies / noiras / as noyé / noyas le poisson.

C. 1. La trahison, trahir : tu trahis / trahiras / as trahi / trahis tes amis.
2. L'invasion, envahir : les mauvaises herbes envahissent / envahiront / ont envahi / envahirent le jardin.
3. La prévention, prévenir : on prévient / préviendra / a prévenu / prévint les maladies.
4. La médisance, médire : vous médisez / médirez / avez médit / médîtes toujours!
5. La réduction, réduire : je réduis / réduirai / ai réduit / réduisis la vitesse.
6. L'acquisition, acquérir : tu acquiers / acquerras / as acquis / acquis de l'expérience.
7. Le discours, discourir : nous discourons / discourrons / avons discouru / discourûmes sur l'avenir du monde.
8. La saleté, salir : les enfants salissent / saliront / ont sali / salirent leurs pulls.

25 A. 1. Dès qu'il est rentré, il se met au piano.
2. Lorsque j'ai trop bu, je suis très gai.
3. Quand elle s'est maquillée, elle paraît plus séduisante.

B. 1. Dès que j'avais posé ma tête …, je m'endormais.
2. Après que la lune était apparue, la nuit devenait moins sombre.
3. Quand on avait ouvert les fenêtres …, on se sentait mieux.

C. 1. Une fois que le Président aura dissous l'Assemblée, que se passera-t-il ?
2. Quand la grève aura contraint le Premier Ministre …, que fera le Président ?
3. Aussitôt que la nouvelle de sa démission se sera répandue, ce sera la panique.
4. Lorsque vous aurez fini vos palabres, je pourrai enfin écouter de la musique.

D. 1. Une fois qu'ils eurent repeint tout l'appartement, ils s'y installèrent.
2. Aussitôt qu'elles eurent aperçu le château, elles s'écrièrent …
3. Après que la foudre fut tombée, il plut deux fois plus fort.
4. Lorsque le garçon eut pris notre commande, il nous servit l'apéritif.

p. 103

26 A. …, Sita n'est pas venue. Il pleuvait à verse. Anna a attendu longtemps … . Le ciel était sombre, et quand elle s'est aperçue que la nuit tombait, elle a couru jusqu'à Floréal… C'était la première fois. Son père a fait une scène terrible. …, Anna est restée … . Puis elle est tombée malade, … qu'elle avait pris le jour où elle avait tant attendu. Quand elle est allée mieux, elle a senti un grand vide.

B. Quand je me suis réveillé, Marie était partie. Elle m'avait expliqué qu'elle devait aller chez sa tante. J'ai pensé que c'était dimanche et cela m'a ennuyé : je n'aime pas le dimanche. Alors, je me suis retourné dans mon lit, j'ai cherché … l'odeur de sel que les cheveux de Marie y avaient laissée et j'ai dormi jusqu'à dix heures. J'ai fumé … . Je me suis fait cuire des œufs et je les ai mangés …, sans pain parce que je n'en avais plus et que je ne voulais pas descendre pour en acheter.

ÊTRE, AVOIR, ALLER, VERBES DU 1er GROUPE
Présent du subjonctif p. 105

1

1. Il faut que je trouve,
que tu trouves,
qu'il (elle) trouve,
que nous trouvions,
que vous trouviez,
qu'ils (elles) trouvent du travail.
2. Il faut que j'aille,
que tu ailles,
qu'il (elle) aille,
que nous allions,
que vous alliez,
qu'ils (elles) aillent à un rendez-vous.
3. Il faut que j'aie,
que tu aies,
qu'il (elle) ait,
que nous ayons,
que vous ayez,
qu'ils (elles) aient un entretien.
4. Il faut que je sois,
que tu sois,
qu'il (elle) soit,
que nous soyons,
que vous soyez,
qu'ils (elles) soient à l'heure.

2

A. 1. … que tu lui parles, que tu lui racontes tout.
2. … qu'elle arrête … et qu'elle se couche.
3. … que nous rentrions … et que nous fermions … .
4. … que vous changiez … .
5. … que les enfants cessent … et qu'ils se calment.

B. 1. … que je me réveille … et que je me lève.
2. … que tu exagères.
3. … qu'il achève … et qu'il achète … .
4. … que nous emmenions … .
5. … qu'ils enlèvent … .

C. 1. … que l'homme de leur vie soit … .
2. … qu'il ait … .
3. … qu'il possède … .
4. … que les hommes soient … .
5. … qu'ils s'expriment … .
6. … qu'ils aient … .
7. … qu'ils partagent … .

D. 1. … que j'aille … et que … tu ailles … .
2. … que vous alliez … .
3. … que cette fille s'en aille et qu'elle me laisse … .
4. … que nous nous en allions … .
5. … que tes chaussures aillent … .

3

1. Est-ce qu'il est important que nous allions à cette fête ?
– Oui, il est important que nous y allions.
2. À quelle heure est-ce qu'il est nécessaire que je sois prêt ?
– Il est nécessaire que tu sois prêt à 20 heures.
3. Est-ce qu'il est obligatoire que j'aie une cravate ?
– Oui, il est obligatoire que tu en aies une.
4. Est-ce qu'il est possible que j'y rencontre Barbara ?
– Oui, il est possible que tu l'y rencontres.
5. Est-ce qu'il est indispensable que nous apportions des fleurs ?
– Non, il n'est pas indispensable que nous en apportions (vous en apportiez).

4

1. … que les choses soient … .
2. … que cette situation évolue … .
3. … que vous ayez … .
4. … que vous criiez … .
5. … que vous l'appeliez … .
6. … que nous nous libérions … .
7. … que vous ne gaspilliez plus … .
8. … que son directeur la harcèle.
9. … que tu t'inquiètes … .
10. … qu'un adolescent révèle … .

VERBES DES 2e ET 3e GROUPES
Présent du subjonctif p. 107

1

Il faut que je réfléchisse,
que tu réfléchisses,
qu'il (elle) réfléchisse,
que nous réfléchissions,
que vous réfléchissiez,
qu'ils (elles) réfléchissent.

Il faut que je sorte,
que tu sortes,
qu'il (elle) sorte,
que nous sortions,
que vous sortiez,
qu'ils (elles) sortent.

Il faut que je vienne,
que tu viennes,
qu'il (elle) vienne,
que nous venions,
que vous veniez,
qu'ils (elles) viennent.

2
1. ... que tu choisisses.
2. ... qu'ils réussissent.
3. ... que je ralentisse.
4. ... que vous agissiez.
5. ... qu'elle maigrisse.
6. ... que cet arbre fleurisse.
7. ... que vous vous réunissiez ici.
8. ... qu'il réagisse bien.
9. ... que nous vieillissions.
10. ... que vous finissiez le jeu.

3
A. 1. ils mentent, je mente
2. ils courent, tu coures
3. ils découvrent, il découvre
4. ils partent, vous partiez
5. ils s'endorment, ils s'endorment
6. ils accueillent, j'accueille

B. 1. ils sentent, tu sentes
2. ils offrent, elle offre
3. ils servent, nous servions
4. ils viennent, vous veniez
5. ils fuient, il fuie
6. ils obtiennent, tu obtiennes

C. 1. ils deviennent, je devienne
2. ils acquièrent, nous acquérions
3. ils se souviennent, elles se souviennent
4. ils retiennent, je retienne
5. ils reviennent, tu reviennes
6. ils conquièrent, il conquière

4
1. Je veux que tu repartes content(e) de ton séjour.
2. Il attend que nous revenions des grands magasins.
3. Il ne faut pas qu'ils meurent de soif.
4. Je suis ravi qu'il se sente comme chez lui en France.
5. Tu évites qu'elle découvre toutes tes dépenses.
6. Il est déçu que tu sortes sans lui.
7. Tu es vexé qu'il se souvienne de ta maladresse avec Sophie.
8. J'ai peur qu'elle devienne folle.
9. Il se peut qu'ils accourent à notre rencontre.
10. Il est normal qu'on punisse les violeurs.

5
1. Il faut que tu dormes davantage.
2. Il ne faut plus que tu sortes sans me dire où tu vas.
3. Il faut que tu me préviennes si tu rentres après minuit.
4. Il ne faut pas que tu me mentes au sujet de tes copains.
5. Il faut que tu m'avertisses quant tu pars en week-end.
6. Il ne faut pas que tu tiennes ce genre de propos.
7. Il faut que tu deviennes responsable de tes actes.
8. Il faut que tu réfléchisses à ton avenir.
9. Il faut que tu choisisses mieux tes amis.
10. Il faut que tu t'enfuies en cas de danger.

6
... il faut que j'aille ..., que j'expédie ... et que j'envoie ... . que j'intervienne ... et que j'obtienne ... ..., il faudra que je coure ..., que je les ramène ..., qu'ils travaillent, qu'ils se baignent, que je les nourrisse et qu'ils soient ... ..., il faudra que j'aie ..., que je les accueille, ... que je leur serve l'apéritif ... .

VERBES DU 3ᵉ GROUPE
Présent du subjonctif p. 109

1
1. je rende, nous rendions
2. tu mordes, ils mordent
3. je peigne, vous peigniez
4. tu comprennes, ils comprennent
5. je fonde, elle fonde
6. je batte, vous battiez
7. il vende, ils vendent
8. tu mettes, nous mettions
9. nous craignions, vous craigniez
10. je connaisse, tu connaisses
11. j'apprenne, nous apprenions
12. tu rompes, vous rompiez
13. il naisse, vous naissiez
14. je couse, tu couses
15. il déteigne, ils déteignent

2
1. Il vaut mieux que tu attendes un peu et que tu prennes le train du soir.
Il vaut mieux que vous attendiez un peu et que vous preniez le train du soir.
2. Elle souhaite qu'il réponde à sa lettre et qu'il reprenne contact avec elle.
Elle souhaite qu'ils répondent à sa lettre et qu'ils reprennent contact avec elle.
3. Il ne veut plus que je perde de temps, il veut que je le rejoigne.
Il ne veut plus que nous perdions de temps, il veut que nous le rejoignions.

3
1. ... qu'elle prenne ... ?
2. ... que je vous confonde ... .
3. ... qu'ils s'entendent ... .
4. ... que nous reprenions ... ?

5. … que tu éteignes … .
6. … qu'elle atteigne … .
7. … que vous vous plaigniez … .
8. … que tu te résolves … .
9. … qu'elle couse … .
10. … que le sucre se dissolve … .

4

1. Il est possible qu'il mette … et qu'il batte … . Il est possible qu'ils mettent … et qu'ils battent … .
2. Ils désirent que je vainque ma timidité et que je rompe mon isolement. Ils désirent que nous vainquions notre timidité et que nous rompions notre isolement.
3. Je regrette que tu paraisses content de toi et que tu ne reconnaisses pas tes torts. Je regrette que vous paraissiez content(s) de vous et que vous ne reconnaissiez pas vos torts.

5

1. … que vous vous battiez … .
2. … que je me soumette … .
3. … que tous les pays combattent … .
4. … que tu ne remettes jamais … .
5. … qu'on l'interrompe.
6. … qu'ils ne convainquent personne … .
7. … que ces livres paraissent … .
8. … que son trouble apparaisse … .
9. … que vous me promettiez …!
10. … que les rumeurs naissent, croissent et disparaissent … .

VERBES DU 3e GROUPE
Présent du subjontif **p. 111**

1

1. tu fasses, nous fassions
2. je rie, nous riions
3. tu écrives, vous écriviez
4. tu lises, il lise
5. il suffise, vous suffisiez
6. tu te taises, nous nous taisions
7. elle inscrive, vous inscriviez
8. je conclue, nous concluions
9. vous traduisiez, ils traduisent
10. nous distrayions, ils distraient
11. tu suives, il suive
12. elle vive, elles vivent
13. je soustraie, vous soustrayiez
14. nous plaisions, ils plaisent
15. je séduise, nous séduisions

2

1. Je ne comprends pas qu'il ne dise pas oui et qu'il ne conclue pas l'affaire. Je ne comprends pas qu'ils ne disent pas oui et qu'ils ne concluent pas l'affaire.
2. Elle n'aime pas que je lise ou que j'écrive toute la nuit. Elle n'aime pas que nous lisions ou que nous écrivions toute la nuit.
3. Je suis content que tu te plaises ici, que tu ries, que tu te distraies. Je suis content que vous vous plaisiez ici, que vous riiez, que vous vous distrayiez.

3

1. Il faut que nous défassions nos valises et que nous fassions un peu de rangement.
2. Il faut que je refasse ce gâteau, … .
3. Il ne faut pas que tu fasses de bêtises, il faut que tu fasses attention!
4. Il faut qu'ils fassent un effort, il ne faut pas qu'ils refassent les mêmes erreurs.
5. Il ne faut pas que vous satisfassiez tous ses caprices.

4

A
1. … que je lui dise … ou que je le contredise.
2. … que ces raisons suffisent … .
3. … que vous viviez … .
4. … qu'elle lui sourie.
5. … que personne ne distraie … .
6. … que vous suiviez … .
7. … que tu traduises … .
8. … qu'Hélène se taise … .

B.
1. … pour que tu me conduises … .
2. …, bien qu'il le lise et qu'il l'écrive.
3. …, à moins qu'il ne vous déplaise.
4. … avant que les discussions ne se poursuivent.
5. …, pourvu que cela ne nuise pas … .
6. … pour que cet homme survive.
7. … jusqu'à ce que ses yeux luisent … .
8. … à condition que vous n'excluiez … .

5

1. Les promoteurs veulent que vous construisiez un immeuble de cinquante étages.
2. Il a peur que la voyante lui prédise une catastrophe.
3. Mes parents proposent que je m'inscrive à un cours d'espagnol.
4. Il est possible que tu plaises à tout le monde.
5. Les observateurs doutent que les deux pays concluent un traité de paix.

VERBES DU 3e GROUPE
Présent du subjonctif **p. 113**

1

Il faut que
1. tu boives / vous buviez …
2. il croie / elles croient …
3. vous voyiez / ils voient …
4. je reçoive / nous recevions …

5. je sache / nous sachions …
6. tu t'asseyes (tu t'assoies) / vous vous asseyiez (vous vous assoyiez) …
7. nous puissions / ils puissent …
8. il pleuve
9. cela vaille …
10. je veuille / tu veuilles …

2

1. … que vous deviez … .
2. … que ce spectacle émeuve … .
3. … qu'elle croie … .
4. … que tu revoies … .
5. … qu'elle boive … .
6. … que vous prévoyiez … .

3

1. Il faut que cette affaire reçoive une heureuse solution.
2. Il faut que tu aperçoives Marie dans la foule.
3. Il ne faut pas qu'ils s'aperçoivent de ta présence, … .
4. Il ne faut pas que nous décevions nos parents, … .
5. Il faut qu'un architecte conçoive les plans de notre future maison.

4

1. … que nous revoyions… ? Non, il n'est pas indispensable que vous le revoyiez (nous le revoyions).
2. … qu'il pleuve ? Non, nous ne désirons pas qu'il pleuve.
3. … que Babeth doive … ? Non, je ne suis pas surpris que Babeth lui doive 10.000 F.
4. … que nous buvions … ? Non, je ne veux pas que vous le buviez (nous le buvions).
5. … qu'il faille … ? Non, je ne pense pas qu'il faille lui téléphoner.
6. … que ces objets vaillent … ? Non, je ne crois pas qu'ils vaillent très cher.
7. … que je ne puisse pas … ? Non, je ne regrette pas que tu ne puisses pas venir.
8. … qu'il sache … . ? Non, je ne suis pas sûr qu'il la sache.
9. … que nous nous asseyions (nous nous assoyions) … ? Non, il n'est pas possible que vous vous y asseyiez (vous vous y assoyiez).
10. … qu'il veuille … ? Non, nous n'avons pas peur qu'il veuille se venger.

5

1. Mes parents ont peur que je boive trop d'alcool, et que je ne puisse pas conduire.
2. J'accepte que tu revoies Benoît, mais je refuse que tu reçoives ses amis.
3. J'aime qu'il conçoive des projets, mais je déteste qu'il croie avoir toujours raison.
4. Je doute que l'on prévoie du beau temps pour demain, j'ai peur qu'il (ne) pleuve.
5. Je suis étonné que vous perceviez son émotion, mais je comprends qu'elle vous émeuve.
6. Je suis désolé que tu doives t'en aller, je souhaite que personne ne s'aperçoive de ton départ.
7. Je crains qu'il faille la supplier de venir, je veux pourtant qu'elle sache que je l'attends.
8. Je souhaite que vous puissiez m'accompagner, mais j'ai peur que vous ne le vouliez pas.

ÊTRE, AVOIR, ALLER, VERBES DES 1er ET 2e GROUPES Passé du subjonctif p. 115

1

1. … que tu aies été …, que tu aies eu …, que tu aies passé …, que tu sois restée … .
2. … que mon télégramme ne soit pas arrivé, que vous ayez essayé …, que Pierre ne m'ait pas appelé …, que notre rencontre n'ait pas eu lieu.
3. … que tu aies oublié …, que tes copains et toi, vous soyez allés …, que vous n'ayez pas tenté …, que tu te sois montrée … .
4. … que ce producteur ne se soit pas rappelé …, qu'il ait parlé …, qu'il ne l'ait pas choisie … . … que son impresario ne l'ait pas imposée … . … que son talent n'ait pas ébloui … .

2

M.– Crois-tu qu'elle ait travaillé …, qu'elle ait fini …, qu'elle ait essayé … ?
P. – J'ai peur que quelque chose ait bouleversé …, que des difficultés aient surgi, qu'elle se soit découragée, qu'elle ait pleuré … .
M.– Il est aussi possible qu'elle soit tombée … et qu'elle soit allée … .
P. – Crois-tu qu'elle ait sauté …, qu'elle ait réussi à partir … ?
M.– J'ai vraiment peur que quelque chose lui soit arrivé.
P. – …, c'est qu'elle ne se soit pas suicidée!

3

A. 1. … jusqu'à ce que le niveau … ait baissé.
2. … avant que leurs expériences (n') aient réussi.
3. … à moins que tu (ne) l'aies deviné.
4. … à condition que vous y ayez bien réfléchi.
5. Bien que tout le monde l'ait félicité, … .
6. … sans que personne ne se soit attendri.
7. … en attendant qu'il soit rentré.
8. … avant qu'on (ne) lui ait tout volé.
9. … pour qu'il se soit opposé … ?
10. Qu'il se soit révolté et que tu aies été surprise, …!

B. 1. … dont j'aie gardé la mémoire.
2. … qu'elle ait choisi pour gendre ?

3. Dommage, dit-il, qu'elle ait déjà déjeuné dehors, … .
4. … la plus grande jouissance musicale que j'aie jamais éprouvée.

VERBES DU 3e GROUPE
Passé du subjonctif p. 117

1
1. … à ce qu'il ait menti, qu'il se soit servi …, qu'il soit sorti, qu'il ait fui … : … qu'il se soit senti complètement perdu.
2. … que tu n'aies pas contenu …, que tu sois parti(e) …, que tu te sois enfui(e) …, que tu aies couru … .
3. … que vous ayez découvert …, que vous l'ayez accueilli …, que vous lui ayez offert …, qu'il ait acquis … et qu'il soit devenu … .

2
1. … jusqu'à ce qu'ils se soient endormis.
2. … avant que je (n') aie ressenti la moindre piqûre.
3. …, à moins que tu n'aies pas obtenu ton visa à temps.
4. … à condition que nous ayons acquis assez d'expérience.
5. Bien que vous soyez devenus excellents en français, … .
6. … sans qu'une dispute soit survenue entre eux.
7. … avant que la compagnie (n') ait ouvert cette ligne.
8. … pour que les gens se soient tous enfuis d'ici.
9. Qu'ils ne soient pas venus voter ou qu'ils se soient abstenus, … .
10. Bien que je n'aie pas souffert du tout, … .

3
1. … que les patineurs n'aient pas craint …, qu'ils se soient contraints … et qu'ils aient atteint … .
2. … que la neige n'ait pas encore fondu, que vous ayez pris …, que vous vous soyez rendu(e)(s) … et que vous soyez redescendu(e)(s) … .
3. … que tous se soient bien battus, que chacun ait mis …, que le meilleur ait vaincu.
4. … que tu aies paru …, que l'impression de l'effort ait disparu, que tu te sois soumise … .

4
A. 1. Il a répété la phrase jusqu'à ce qu'ils aient bien compris.
2. Tout s'était bien passé avant que vous (n') ayez perdu votre calme.
3. On a fait évacuer le village avant que l'eau (n') ait atteint les maisons.
4. Je lis un peu en attendant que tu aies résolu ton problème de maths.
5. Ils sont restés jusqu'à ce que nous les ayons mis à la porte.

B. 1. Qu'il ait interrompu ses études sur un coup de tête ou non, … .
2. … sans que j'aie connu la gloire.
3. …, bien que les entreprises aient accru leur compétitivité.
4. …, pourvu que vous soyez né(e)(s) après 1975.
5. … à condition que tu aies remis ce rapport avant jeudi.

VERBES DU 3e GROUPE
Passé du subjonctif p. 119

1
1. tu aies fait, il ait fait
2. elle se soit tue, nous nous soyons tu(e)s
3. j'aie distrait, vous ayez distrait
4. il ait lu, ils aient lu
5. tu aies dit, vous ayez dit
6. j'aie vécu, vous ayez vécu
7. elle ait écrit, ils aient écrit
8. tu aies traduit, vous ayez traduit
9. j'aie conclu, elles aient conclu
10. il ait valu, ils aient valu
11. il ait su, vous ayez su
12. tu aies connu, nous ayons connu
13. j'aie cru, ils aient cru
14. elle ait reçu, nous ayons reçu
15. tu aies dû, elle ait dû

2
A. 1. Cela m'étonne que tu aies écrit cette lettre tout seul.
2. Il vaut mieux que nous n'ayons pas dit toute la vérité.
3. Tu es furieux qu'on ait très mal traduit ce poème.
4. Quel dommage que je ne t'aie pas suivi tout de suite!
5. Quelle chance que vous ayez lu ce livre avant l'examen!

B. 1. … que ses avertissements n'aient pas suffi.
2. … qu'il ait vécu en Australie si longtemps ?
3. … que mon cadeau vous ait plu.
4. … que tu ne nous aies pas fait signe pendant ton séjour ici.
5. … que quelque chose ait distrait son attention à ce moment-là.

3
A. 1. Jusqu'à ce que j'aie bu un bon Bordeaux, … .
2. Bien qu'il ait plu toute la semaine, … .
3. … avant qu'on (n')ait extrait tout le pétrole de ce gisement.

4. Jusqu'à ce que tu aies décrit la situation, … .
5. Qu'elle ait séduit Alain ou qu'elle lui ait déplu, … .

B. 1. … qu'ils aient ri … ?
2. … que nous ne l'ayons pas crue … .
3. … avant que le pianiste (n') ait conclu … .
4. Pourvu que nos amis aient survécu …!
5. … à condition que tu aies satisfait … .

4 A. 1. … que tu n'aies pas pu ou que tu n'aies pas su …!
2. … que tu n'aies pas vu …, que tu n'aies pas cru …!
3. … que vous ne vous soyez pas assis …, et que vous n'ayez pas bu …!
4. … qu'il ait fallu …, et que vous n'ayez pas fait …!
5. … que ta mère l'ait reçu … et qu'elle n'ait pas voulu …!

B. 1. …que tu aies fait …!
2. … que vous vous soyez plu!
3. … que vous vous soyez aperçus …!
4. … que la musique ait pu …!
5. … qu'il t'ait suivie …!

ÊTRE, AVOIR, ALLER, VERBES DES 1er, 2e et 3e GROUPES
Imparfait du subjonctif p. 121

1
1. il eut, j'eusse
2. il fut, tu fusses
3. il parla, elle parlât
4. il choisit, vous choisissiez
5. il mûrit, ils mûrissent
6. il s'en alla, je m'en allasse
7. il découvrit, tu découvrisses
8. il appartint, tu appartinsses
9. il revint, il revînt
10. il essaya, nous essayassions
11. il accourut, ils accourussent
12. il mentit, je mentisse

2 A. Il fallait
1. qu'il rentrât … et qu'il étudiât …,
2. qu'il allât … et qu'il changeât …,
3. qu'il obéît … .

B. Durant les longs dimanches, ils exigeaient
1. que ses amis ne vinssent pas …,
2. qu'il se tînt tranquille…,
3. qu'il ne courût pas … .

C. Il n'était pas étonnant
1. qu'il se sentît …,
2. qu'il devînt …,
3. qu'il partît … .

3
1. … le seul être qui eût … .
2. … pour qu'une dispute éclatât.
3. … sans que mon grand-père s'avisât … . … qu'elle sortît.
4. … qu'il vînt …, à ce que se prolongeât le temps de répit … .
5. … que je fusse tout près.
6. …, il fallait qu'elle conquît sa place.
7. … que mon père restât toute la journée et ne repartît … .
8. … que nous n'eussions pas assez à manger.
9. … pour qu'on la remarquât, … .
10. …, exigeant que je ne m'en servisse que pour ouvrir ses lettres.

VERBES DU 3e GROUPE
Imparfait du subjonctif p. 123

1
1. il attendit, j'attendisse
2. il prit, tu prisses
3. il lut, il lût
4. il vécut, nous vécussions
5. il voulut, ils voulussent
6. il écrivit, tu écrivisses
7. il peignit, vous peignissiez
8. il put, ils pussent
9. il vainquit, nous vainquissions
10. il rit, vous rissiez
11. il vit, nous vissions
12. il crut, vous crussiez
13. il craignit, il craignît
14. il sut, tu susses
15. il conclut, il conclût
16. il permit, nous permissions
17. il reconnut, elles reconnussent
18. il conduisit, vous conduisissiez
19. il aperçut, j'aperçusse
20. il joignit, elles joignissent

2 A. Il était merveilleux
1. qu'elle lût …,
2. qu'elle vît clair …,
3. qu'elle crût …,
4. qu'elle résolût … .

B. Ses parents acceptèrent
1. qu'il vécût …,
2. qu'il écrivît …,
3. qu'il peignît …,
4. qu'il dût … .

C. Nous souhaitions
1. qu'elles suivissent …,
2. qu'elles fissent …,
3. qu'elles reçussent …,
4. qu'elles construisissent … .

D. Il était étonnant que ces entreprises
1. conclussent ...,
2. accrussent ...,
3. battissent ...,
4. rejoignissent ... .

3
1. ... qu'il prît ... et qu'il répondît ... .
2. ... qu'il plût et que cela te plût.
3. ... qu'elle connût ... .
4. ... qu'il ne se tût pas ou qu'il en dît trop.
5. ... qu'elle comprît ... et qu'elle le craignît si peu.
6. ... que ce produit valût ... mais qu'il fallût ... .
7. ... qu'il n'atteignît pas ... ou qu'il perdît ... .
8. ... qu'il l'attendît ... et qu'il parût ... .
9. ... qu'on mît ... ni qu'on l'interrompît.
10. ... qu'elle ne sût rien de lui et qu'elle le crût fou.

4
1. Il fit de la rééducation jusqu'à ce qu'il pût marcher.
2. Elle garda le silence bien qu'elle dût témoigner.
3. La préparation fut longue avant qu'il (ne) vainquît l'Everest.
4. Il s'avança vers Sophie pour qu'elle conduisît le bal avec lui.
5. Ils jouèrent au poker, à moins qu'ils ne bussent toute la nuit.
6. On ne l'engagea pas, bien qu'elle fît bonne impression.
7. Ils naviguèrent jusqu'à ce qu'ils aperçussent une île.
8. Elle vint au monde à Tours, à moins qu'elle (ne) naquît à Chinon.
9. Elles entrèrent quoiqu'elles ne voulussent pas être indiscrètes.
10. Je lui écrivis afin qu'il traduisît ma conférence.

ÊTRE, AVOIR, ALLER, VERBES DES 1er, 2e et 3e GROUPES
Plus-que-parfait du subjonctif p. 125

1
A. Il fut heureux que nous
1. fussions allés ...,
2. eussions eu ...,
3. eussions choisi ...,
4. eussions visité ...,
5. eussions été ... .
Mais il fut désolé que nous
6. n'eussions pas découvert ...,
7. fussions partis ...,
8. n'eussions pas dormi ...,
9. ne fussions pas restés ...,
10. n'eussions pas voulu ... .

B. Elle regretta que ses enfants
1. n'eussent pas fait ...,
2. n'eussent pas obtenu ...,
3. ne fussent pas devenus ...,
4. n'eussent pas vécu ...,
5. eussent craint ... .

C. Ils ne comprirent pas
1. que je n'eusse pas tenu ...,
2. que je n'eusse pas écrit,
3. que je n'eusse rien dit,
4. que je me fusse tu(e),
5. ou que j'eusse menti.

D. Nous fûmes contents que tu
1. eusses revu ...,
2. eusses reçu ...,
3. eusses pu ...,
4. eusses su ...,
5. te fusses aperçu(e) ... .

E. Je fus ravie que vous
1. eussiez plu ...,
2. eussiez produit...,
3. vous fussiez souvenu ...,
4. eussiez voulu ...,
5. m'eussiez rejointe.

F. Tu fus furieux qu'elle
1. ne t'eût pas reconnu(e) ou qu'elle eût feint ...,
2. n'eût pas compris ...,
3. n'eût pas répondu ...,
4. ne les eût peut-être pas lues,
5. ne se fût pas rendue ... .

2
1. ... que son gendre eût existé ... .
2. ... avant que j'eusse pu ... .
3. ... que depuis des mois elle eût accueilli ..., qu'elle eût nourri ... .
4. Sans qu'elle eût entendu monter l'escalier, ...
5. ..., quoiqu'il ne lui eût pas dit un mot d'amour, ...
6. ..., avant que Rose fût partie au marché, ...
7. ... que je n'eusse tenté ..., pas un instant où je ne me fusse senti ... .
8. ... et avant que tu eusses reçu ma lettre, ...

ÊTRE, AVOIR, ALLER, VERBES DES 1er et 2e GROUPES
Présent du conditionnel p. 127

1
Je serais chanteur (chanteuse) d'opéra,
tu serais chanteur (chanteuse) d'opéra,
il (Elle) serait chanteur (chanteuse) d'opéra,
nous serions chanteurs (chanteuses) d'opéra,
vous seriez chanteurs (chanteuses) d'opéra,
ils (Elles) seraient chanteurs (chanteuses) d'opéra.

J'aurais un grand succès,
tu aurais un grand succès,
il (elle) aurait un grand succès,
nous aurions un grand succès,
vous auriez un grand succès,
ils (elles) auraient un grand succès.

Je chanterais ...,
tu chanterais ...,
il (elle) chanterait ...,
nous chanterions ...,
vous chanteriez ...,
ils (elles) chanteraient dans les grandes capitales du monde.

Je finirais ma vie riche et célèbre,
tu finirais ta vie riche et célèbre,
il (elle) finirait sa vie riche et célèbre,
nous finirions notre vie riches et célèbres,
vous finiriez votre vie riche(s) et célèbre(s).
ils (elles) finiraient leur vie riches et célèbres.

2

1. je me lèverai, je me lèverais
2. tu danseras, tu danserais
3. il grandira, il grandirait
4. nous espérerons, nous espérerions
5. elles rajeuniront, elles rajeuniraient
6. vous enverrez, vous enverriez
7. il s'appellera, il s'appellerait
8. tu t'en iras, tu t'en irais
9. vous vous réjouirez, vous vous réjouiriez
10. je m'étonnerai, je m'étonnerais
11. nous travaillerons, nous travaillerions
12. ils rempliront, ils rempliraient
13. je créerai, je créerais
14. tu minciras, tu mincirais
15. vous vous rencontrerez, vous vous rencontreriez

3

1. ... tu me prêterais ... ?
2. ... ces filles mentiraient ... ?
3. ... vous auriez besoin ... ?
4. ... ses projets aboutiraient ... ?
5. ... nous déménagerions ?
6. ... ce serait utile ... ?
7. ... on réagirait ... ?
8. ... tu ne guérirais pas ?
9. ... vous m'aideriez ?
10. ... je n'essaierais pas (n'essayerais pas) ... ?

4

1. ..., je serais d'avant-garde.
2. ..., tu voyagerais très souvent.
3. ..., il se marierait avec elle.
4. ..., nous achèterions un voilier.
5. ..., elles auraient plus d'enthousiasme.
6. ..., nous nous en irions le plus loin possible.
7. ..., je jetterais beaucoup de papiers.
8. ..., je réussirais à gagner la partie.
9. ..., vous changeriez de métier.
10. ..., tu grossirais moins.
11. ..., je paierais (payerais) ton loyer.
12. ..., je t'enverrais une carte postale.

5

A. ... tant qu'elle serait là, tant qu'il l'aurait près de lui, il n'aurait besoin de rien.

B. La vie, là, serait facile, serait simple. Toutes les obligations, tous les problèmes ... trouveraient une solution ... . Une femme de ménage serait là ... . Il y aurait une cuisine vaste et claire.

VERBES DU 3e GROUPE
Présent du conditionnel — p. 129

1

J'ouvrirais,
tu ouvrirais,
il (elle) ouvrirait,
nous ouvririons,
vous ouvririez,
ils (elles) ouvriraient la porte,

je prendrais,
tu prendrais,
il (elle) prendrait,
nous prendrions,
vous prendriez,
ils (elles) prendraient l'air,

je courrais,
tu courrais,
il (elle) courrait,
nous courrions,
vous courriez,
ils (elles) courraient sur l'herbe.

2

1. Il dormira, il dormirait.
2. Nous peindrons, nous peindrions.
3. Je cueillerai, je cueillerais.
4. Tu viendras, tu viendrais.
5. Vous perdrez, vous perdriez.
6. Elle tiendra, elle tiendrait.
7. Tu te souviendras, tu te souviendrais.
8. Je m'enfuirai, je m'enfuirais.
9. Il répondra, il répondrait.
10. Vous servirez, vous serviriez.
11. Ils mentiront, ils mentiraient.
12. Vous partirez, vous partiriez.
13. J'attendrai, j'attendrais.
14. Tu craindras, tu craindrais.
15. Ils acquerront, ils acquerraient.

3

1. ... il partirait ... ?
2. ... tu obtiendrais ... ?
3. ... je reviendrais ?
4. ... nous fuirions ?
5. ... je me perdrais ?

6. ... ils nous rejoindraient ?
7. ... tu prendrais ... ?
8. ... nous mourrions ... ?
9. ... ils interviendraient ?
10. ... vous acquerriez ?

4 A. – ..., combien d'enfants aurais-tu ?
– J'en aurais six. Ils seraient tous roux ... .
– Et où est-ce que vous habiteriez ?
– ... où il n'y aurait pas ... . Ils courraient ..., ils s'enfuiraient partout quand je les appellerais.
– Est-ce qu'ils te désobéiraient ?
– Ils ne mentiraient jamais, mais ils oublieraient ... . À l'école, ils tricheraient, mais on ne les surprendrait jamais. Ils se débrouilleraient.
– Est-ce que tu les gronderais ?
– Non, mais je les mordrais très fort!

B. Est-ce que Violaine et Gérard viendraient ... ? Nous passerions ... ; le matin, nous irions ..., nous écouterions ... . Le soleil brillerait et taperait ... . Notre peau serait ... . Vous, vous arriveriez ... . Nous pique-niquerions ... ., les abeilles essaieraient (essayeraient) ... ; moi, je crierais très fort, mais Gérard leur jetterait de l'eau et elles fuiraient. Après, tout le monde dormirait ... sauf Violaine qui s'en irait et cueillerait ... . Nous resterions là ... .

VERBES DU 3e GROUPE
Présent du conditionnel p. 131

1
1. tu écrirais, vous écririez
2. il traduirait, nous traduirions
3. il pleuvrait
4. tu conclurais, vous concluriez
5. nous battrions, elles battraient
6. elle connaîtrait, nous connaîtrions
7. vous vivriez, ils vivraient
8. tu saurais, il saurait
9. elle verrait, vous verriez
10. j'apercevrais, nous apercevrions
11. il faudrait
12. tu conduirais, ils conduiraient
13. je mettrais, vous mettriez
14. il s'assoirait/ il s'assiérait, elles s'assoiraient / elles s'assiéraient
15. nous nous tairions, ils se tairaient.

2 A. Si je pouvais,
1. je dirais ...,
2. j'écrirais ...,
3. je connaîtrais ...,
4. je les recevrais ...,
5. je ferais ... .
6. Je conclurais ...,
7. je distrairais ...,
8. je les convaincrais,
9. je plairais ...,
10. je vivrais ...!

B. Si nous pouvions,
1. nous dirions ...,
2. nous écririons ...,
3. nous connaîtrions ...,
4. nous les recevrions ...,
5. nous ferions ... .
6. Nous conclurions ...,
7. nous distrairions ...,
8. nous les convaincrions,
9. nous plairions ...,
10. nous vivrions ...!

3
1. ..., tu devrais manger moins de gâteaux.
2. ..., ils devraient faire de la marche tous les jours.
3. ..., vous devriez être plus tolérant(s).
4. ..., nous devrions prendre un taxi.
5. ..., elle devrait se maquiller.

4 A. 1. ... tu voudrais ... ?
2. ... vous reverriez ... ?
3. ... est-ce qu'il suivrait ... ?
4. ... combien vaudraient-ils ?
5. ... tu t'assiérais (tu t'assoirais) ... ?

B. 1. ... nous vivrions mieux ?
2. ... comment les recevrais-tu ?
3. ... nous permettraient ... ?
4. ... tu me reconnaîtrais ?
5. ... quels changements prévoiriez-vous ... ?

5
1. Je voudrais bien ..., mais le pourrais-je ?
2. Elle ferait ..., mais saurait-elle ... ?
3. Il lui dirait ..., mais le croirait-elle ?
4. Je m'assiérais / m'assoirais bien ..., mais cela romprait-il ... ?
5. Vous lui écririez ..., mais lirait-il ... ?
6. Il faudrait ..., mais cela en vaudrait-il ... ?

ÊTRE, AVOIR, ALLER, VERBES DES 1er ET 2e GROUPES
Conditionnel passé p. 133

1 A. 1. ... j'aurais été ..., j'aurais eu ..., je serais allé(e) ... je lui aurais créé ... ?
2. ... tu n'aurais pas assez travaillé, tu n'aurais pas étudié ..., tu serais tombé(e) ..., ... tu aurais joué ... ?
3. ... il aurait essayé ..., il aurait accéléré ..., il aurait dépassé ... ? Mais ... il se serait jeté ainsi ... ?

B. 1. ..., tu aurais été ... .
2. ..., nous aurions eu ... .
3. ..., ils seraient allés ... .
4. ..., j'aurais appelé ... .
5. ..., j'aurais fini ... .

2 A. 1. ..., tu te serais levé(e) ... .
2. ..., il aurait maigri ... .
3. ..., vous auriez embelli ... .
4. ..., j'aurais investi ... .
5. ..., les négociations auraient abouti.
6. ..., les fruits auraient mûri ... .
7. ..., ... il nous aurait averti(e)s.
8. ..., l'avion aurait atterri.
9. ..., la consommation ... aurait faibli.
10. ..., vous auriez agi ... .

B. 1. ..., je ne me serais pas déplacé(e), je serais resté(e) ... .
2. ..., tu aurais acheté ... .
3. ..., nous nous serions mariés ... .
4. ..., les voleurs seraient entrés ... .
5. ..., il serait arrivé ... .

C. 1. ... est-ce que vous n'auriez pas fini ..., est-ce que vous ne m'auriez pas haï(e) ?
2. ... les joueurs ... n'auraient pas saisi ..., n'auraient pas réussi ..., n'auraient pas gagné ... ?

3 A. Fabien eût donné cher ...

B. Harry n'eût éprouvé aucun plaisir ... . Il les eût préférés ... .

VERBES DU 3e GROUPE
Conditionnel passé — p. 135

1 A. 1. ..., j'aurais dormi ... .
2. ..., elles seraient mortes.
3. ..., vous vous seriez senti gêné.
4. ..., je serais devenu(e) ... .
5. ..., nous serions parti(e)s.

B. 1. ..., je t'aurais attendu(e).
2. ..., cette équipe aurait vaincu ... .
3. ..., je les aurais connus.
4. ..., je l'aurais pris.
5. ..., j'aurais mis fin ... .

C. 1. ..., tu n'aurais pas atteint ... .
2. ..., je me serais enfui(e), j'aurais rompu ... .
3. ..., j'aurais résolu ... .
4. ..., cet enfant serait né ... .
5. ..., je ne me serais pas souvenu(e) ... .

2 1. ... Sinon j'aurais sûrement battu ..., j'aurais couru ..., j'aurais conquis ... .
2. ... nous serions sortis ..., nous aurions souffert ..., nous serions revenus ... ?
3. ... vous auriez acquis ... ? Qui vous aurait appris ... ? ... vous auriez parcourus ?
4. ... tu l'aurais secouru, tu l'aurais soutenu ..., tu lui aurais offert ... ?
5. ... j'aurais pressenti ..., je l'aurais recueillie, elle m'aurait ouvert ..., ... elle ne serait pas morte.

3 1. Le bonheur ... n'eût pas résisté ... .
2. Qui eût cherché ... ?
3. ... qu'il eût connus et aimés, ...
4. ..., il n'eût consenti ... .
5. ..., comme s'il n'eût rien entendu, ...

VERBES DU 3e GROUPE
Conditionnel passé — p. 137

1 A. Si j'avais menti,
1. qu'est-ce que tu aurais dit ?
2. Est-ce que tu aurais ri ?
3. Est-ce que tu m'aurais contredit(e) ?
4. Est-ce que tu m'aurais maudit(e) ?
5. Qu'est-ce que tu en aurais conclu ?

B. Si tu avais eu du temps,
1. qu'est-ce que tu aurais fait ?
2. J'aurais lu ou j'aurais écrit ... .
3. J'aurais suivi ... .
4. J'aurais séduit ... .
5. J'aurais vécu ... .

2 A. 1. Vous auriez écrit ..., je vous aurais inscrit(e)(s).
2. Tu aurais conduit ..., cet accident ne se serait pas produit.
3. Ils auraient ri. Cela aurait suffi ... .
4. Nous t'aurions contredit(e), tu nous aurais interdit ... .
5. Ils auraient lu ..., ils n'auraient pas fait ... .

B. 1. ..., est-ce que vous auriez poursuivi ... ?
2. ..., ils n'auraient pas survécu.
3. ..., le médecin m'aurait interdit ... .
4. ..., j'aurais inclus ... .
5. ..., nous n'aurions pas défait ... .
6. Cela ne m'aurait pas déplu ... .
7. ..., est-ce que ces escrocs se seraient soustraits ... ?
8. ..., est-ce que vous auriez refait ... ?
9. Au cas où tu n'aurais pas plu ... ?
10. ..., je me serais tu.

3 A. 1. Je n'aurais pas vu ...!
2. Nous aurions pu ... .
3. Vous auriez bien voulu ... .
4. Est-ce que tu aurais cru ... ?
5. Ce rapt aurait ému ... .

B. 1. Il aurait fallu … .
2. Il aurait mieux valu … .
3. …, je n'aurais pas su … .
4. Ils n'auraient pas dû.
5. Tu ne te serais aperçu(e) de rien.

C. 1. … au cas où Antoine aurait trop bu.
2. Au cas où il aurait plu, … .
3. Nous nous serions assis(es) … .
4. Au cas où je n'aurais pas reçu … .
5. Au cas où ils n'auraient pas prévu … .

4
1. …, il aurait fallu / il eût fallu … .
2. …, vous auriez dû / vous eussiez dû … .
3. Ils auraient déçu / ils eussent déçu …!
4. …, je l'aurais cru / je l'eusse cru … .
5. Nous aurions vécu / nous eussions vécu … .
6. …, tu aurais entrevu / tu eusses entrevu … .

5
A. On eût dit … .
B. … la chambre eût dû … .
C. … . On eût pu … .

ÊTRE, AVOIR, ALLER, VERBES DES 1er, 2e ET 3e GROUPES
Impératif présent p. 139

1
A. 1. Sois,
soyons,
soyez à l'heure!
2. Aie,
ayons,
ayez du courage!
3. Parle,
parlons,
parlez doucement!
4. Va,
allons,
allez au lit!
5. Finis tes devoirs,
finissons nos devoirs,
finissez vos devoirs!
6. Ne désobéis pas,
ne désobéissons pas,
ne désobéissez pas!
7. Ne sors pas,
ne sortons pas,
ne sortez pas!
8. Ne cours pas,
ne courons pas,
ne courez pas!
9. Ne cueille pas,
ne cueillons pas,
ne cueillez pas ces fleurs!
10. Ne fuis pas,
ne fuyons pas,
ne fuyez pas!

B. 1. Travaille bien!
2. Gagne la partie!
3. Étudie sérieusement!
4. Joue vite!
5. Continue à parler!
6. Commence à manger!
7. Corrige ces fautes!
8. Paie (paye) la facture!
9. Essuie la table!
10. Envoie la lettre!
11. Répète la phrase!
12. Complète le verbe!
13. Achète du pain!
14. Jette ces vieilles chaussettes!
15. Pèle ces fruits!
16. Appelle la police!
17. Épelle ton nom!
18. Va-t'en le plus loin possible!
19. Occupe-toi de ton frère!
20. Méfie-toi de lui!

C. 1. Choisissez le vin!
2. Maigrissez de dix kilos!
3. Ne vous évanouissez pas!
4. Ne réagissez pas!
5. Ne trahissez pas ce secret!
6. Ne mentez pas!
7. Ne vous endormez pas!
8. N'entrouvrez pas cette fenêtre!
9. Ne vous enfuyez pas!
10. Ne discourez pas inutilement!

D. 1. Déshabillons-nous!
2. Couchons-nous!
3. Avertissons tout le monde!
4. Revenons demain!
5. Prévenons le médecin!
6. Ne nous salissons pas!
7. Ne soyons pas pessimistes!
8. Ne punissons pas cet enfant!
9. Ne repartons pas ce soir!
10. N'oublions pas de régler l'addition!

2
A. 1. Réveille-toi, lève-toi, lave-toi, habille-toi, prépare-toi pour sortir!
2. Donne-moi la main, regarde …, sois prudent!
3. Ne pleure pas, n'aie pas peur, ne t'inquiète pas! Calme-toi!
4. Ne me quitte pas, ne m'abandonne pas, ne me trahis pas, ne me fuis pas! Aide-moi! (Ne me quittez pas, ne m'abandonnez pas, ne me trahissez pas, ne me fuyez pas! Aidez-moi!)
5. Ne me gronde pas, ne me punis pas, ne me fesse pas! Laisse-moi tranquille! (Ne me grondez pas, ne me punissez pas, ne me fessez pas! Laissez-moi tranquille!)

6. Épanouis-toi, découvre le monde, réussis ta vie!
7. Sois poli, tiens-toi bien à table, sers-toi le dernier!

B. 1. Avec moi, ne blague pas, ne triche pas, agis!
2. Unissons-nous, réfléchissons, établissons un plan d'action!
3. Deviens plus sportif, cours, acquiers de la force!
4. Ne foncez pas, ralentissez, puis maintenez votre vitesse!
5. Joue avec moi, ne t'en va pas, ne me laisse pas tout seul!
6. Abstiens-toi de critiquer, excuse-toi, pars sans rien dire!

VERBES DU 3e GROUPE
Impératif présent p. 141

1 Fais attention,
faisons attention,
faites attention!
tais-toi,
taisons-nous,
taisez-vous!
et attends,
attendons,
attendez!

2 A. 1. Catherine, ne bois pas… et ne conduis pas …!
2. Mais distrais-toi, vaincs ta timidité!
3. Ne crains rien et souris!
4. Ne prends pas …!
5. Crois-moi et suis …!

B. 1. Catherine et Sophie, ne buvez pas … et ne conduisez pas …!
2. Mais distrayez-vous, vainquez votre timidité!
3. Ne craignez rien et souriez!
4. Ne prenez pas …!
5. Croyez-moi et suivez …!

3 A. 1. Écris-moi!
2. Réponds…!
3. Lis-les!
4. Comprends-moi!
5. Romps …et rejoins-moi!

B. 1. Résolvons…! Faisons …!
2. Cousons, peignons, lisons, écrivons!
3. …, distrayons-nous, ne nous interdisons rien!
4. Permettons-nous …, n'attendons plus!
5. Ne perdons plus …, sachons …, vivons!

C. 1. Ne mets pas…!
2. Ne te conduis pas …!
3. N'écris pas …!
4. Ne fais pas …! Ne ris pas …!
5. Ne mords pas …!
6. Ne bats pas …!
7. Ne réponds pas …!
8. Ne t'assieds pas / ne t'assois pas …!
9. Ne te plains pas, ne dis rien!
10. N'interromps pas …! Tais-toi!

4 1. …, veuillez …, asseyez-vous (assoyez-vous), je vous en prie.
2. …, recevez … .
3. Croyez, … .
4. Acceptez, … .
5. Soyez … .
6. Ayez … .
7. Sachez … .

ÊTRE, AVOIR, ALLER, VERBES DES 1er, 2e ET 3e GROUPES
Impératif passé p. 143

1 1. Ayons eu!
2. Ayez été!
3. Aie montré!
4. Soyez allé(e)(s)!
5. Ayons fini!
6. Soyez venu(e)(s)!
7. Aie écrit!
8. Ayez offert!
9. Aie fait!
10. N'aie pas pris!

2 A. 1. Soyez arrivé(e)(s) …!
2. Ayez donné …!
3. Aie fini …!
4. Ayez desservi … et ayez tout rangé …!
5. Sois sorti(e) …!

B. 1. Ayez pris …!
2. Ayez repeint …!
3. Ayez répondu …!
4. Ayez rendu …!
5. Aie résolu …!

3 A. 1. …, ayez cueilli … .
2. …, soyez partis … .
3. …, ayez fini … .
4. …, ayez payé … .
5. …, ayez démenti … .

B. 1. Ayez répondu … .
2. Ne soyez pas revenus … .
3. Ayez bien revu … .
4. N'ayez rien dit … .
5. N'ayez rien bu … .

4
1. ..., ayez acquis la certitude de sa culpabilité!
2. ..., aie rompu avec ces gens-là!
3. ..., ayez avalé un petit déjeuner!
4. ..., aie fait un testament!
5. ..., ayons bien relu le contrat!
6. ..., soyez revenu(e)(s) à de meilleures performances!
7. ..., ayez contrôlé la date de péremption.
8. ..., aie mis de l'ordre dans cette pièce.
9. ..., ayez pris connaissance de sa situation.
10. ..., aie vaincu tes appréhensions.

ÊTRE, AVOIR, ALLER, VERBES DES 1er, 2e ET 3e GROUPES
Participe présent p. 145

1
A. 1. Étant ..., ayant ..., ...
2. N'achetant jamais rien, ...
3. ... jouant, criant, courant, bondissant, ...!
4. ... allant ..., ...
5. Édith travaillant ... et Patrick finissant ..., ...

B. 1. Ne venant plus ..., ...
2. Grégoire ne tenant jamais ..., ...
3. N'obtenant rien ..., ...
4. Le climat te convenant ..., ...
5. La maison ne leur appartenant pas, ...

C. 1. Me réveillant ..., ...
2. S'évanouissant ..., ...
3. Te servant ..., ...
4. Nous souvenant ..., ...
5. Vous en allant ..., ...

2
A. 1. ... en suçant son pouce.
2. ... en mangeant!
3. En essayant ..., ...
4. ...en cueillant ... .
5. En ouvrant ..., ...

B. 1. Vous lui ferez plaisir en étant à l'heure.
2. Tu arriveras à bien parler français en ayant confiance en toi.
3. Je suis devenu un spécialiste de cinéma en allant voir un film par jour.
4. L'avion a heurté violemment le sol en atterrissant.
5. La petite fille est tombée du lit en dormant.
6. N'oublie pas de fermer la porte à clé en partant.
7. Le terroriste a pris un otage en s'enfuyant.
8. On connaît mal les gens en ne vivant pas avec eux.
9. Elle a maigri en ne suivant aucun régime.
10. Il a remercié le public en concluant sa conférence.

3
1. En entrant ..., ... allant, venant, se bousculant, fouillant, choisissant ..., essayant, appelant..., payant, partant ..., ...
2. ... en acquérant ... ... en remplissant ..., en offrant ... et en fournissant ... . Demandant ma naturalisation ... !

VERBES DU 3e GROUPE
Participe présent p. 147

1
1. Elle s'est tordu la cheville en faisant du patin à glace.
2. Il a attrapé une contravention en conduisant beaucoup trop vite.
3. Nous prenons un café en attendant l'heure du train.
4. Tu chantes toujours en prenant ta douche.
5. Le gouvernement réussirait en résolvant le problème de l'emploi.
6. Elle s'est brûlée en mettant un gâteau dans le four.
7. Vous le dérangez beaucoup en l'interrompant sans arrêt.
8. Je me suis consolé en buvant.
9. Vous avez gagné sa confiance en le croyant.
10. Elle a commis une faute en voulant trop bien faire.

2
A. 1. ... lisant ou écrivant.
2. ... battant ...!
3. ... remettant ... .
4. ... vainquant ...!
5. ... paraissant ... .

B. 1. Ne sachant pas ..., ne comprenant pas ... .
2. ..., ne disant rien, ne souriant jamais.
3. La connaissant, ...!
4. Me recevant ... .
5. Jean ne lui répondant pas, ...

C. 1. Me plaisant ...!
2. Te taisant ...!
3. Se voyant ... .
4. S'extrayant ... .
5. Vous asseyant (vous assoyant) ... .

3
1. ... attendant ..., craignant ..., croyant ... puis les reconnaissant ..., les prenant ..., les mettant ... et rejoignant ... .
2. En entendant ..., ...en souriant ..., et la joie se peignant sur son visage, ... en recevant ... .
3. Une manifestation devant ..., ... sachant..., ...en l'interdisant. Mais ..., ne pouvant pas ... et voulant ..., ...

ÊTRE, AVOIR, ALLER, VERBES DES 1er, 2e ET 3e GROUPES
Participe passé composé p. 149

1

A. 1. Ayant été ... .
2. Ayant eu ... .
3. Étant déjà allé(e) ... .
4. Ayant acheté ... .
5. Étant restés ... .
6. Ayant fait ..., ayant dit ... .
7. Ayant ouvert ... .
8. Ayant bien dormi, ...
9. Ayant perdu ... .
10. Étant parti(e) ...!

B. 1. Ayant ressenti ... .
2. Ayant pris ... .
3. Ayant atteint ... .
4. N'ayant pas pu ... .
5. Ayant dû ... .
6. N'ayant pas su, n'ayant pas voulu ... .
7. S'étant assise ... .
8. Ayant bu ... .
9. Ayant fini ... .
10. Ayant vaincu ... .

2

1. Ayant rompu les amarres, ...
Ayant rompu avec ses amis et sa famille, ...
2. Ayant reçu de l'argent, ...
Ayant reçu une ovation, ...
3. ... ayant acquis de la valeur, ...
Ayant acquis la certitude de leur échec, ...
4. Ayant cru faire une bonne affaire ..., ...
5. Ayant vu son mari ..., ...
N'ayant pas vu le chien traverser la route, ...

3

1. Sitôt dit, sitôt fait.
2. Une fois rentrés chez nous, nous pourrons dîner.
3. Aussitôt sorti, il fut surpris par le froid.
4. Les touristes, revenus de la plage, prenaient un verre au bar.
5. Devenue folle de douleur, elle se mit à hurler.

ÊTRE, AVOIR, ALLER, VERBES DES 1er, 2e ET 3e GROUPES
Infinitif présent et passé p. 151

1

A. 1. espérer, avoir espéré
2. s'appeler, s'être appelé(e)(s)
3. rebondir, avoir rebondi
4. obtenir, avoir obtenu
5. découvrir, avoir découvert
6. mourir, être mort(e)(s)
7. venir, être venu(e)(s)
8. envoyer, avoir envoyé
9. aller, être allé(e)(s)

B. 1. essayer, avoir essayé
2. cueillir, avoir cueilli
3. acquérir, avoir acquis
4. se lever, s'être levé(e)(s)
5. créer, avoir créé
6. choisir, avoir choisi
7. devenir, être devenu(e)(s)
8. accourir, avoir accouru ou être accouru(e)(s)
9. finir, avoir fini

C. 1. avoir, avoir eu
2. s'en aller, s'en être allé(e)(s)
3. être, avoir été
4. maintenir, avoir maintenu
5. dormir, avoir dormi
6. attendre, avoir attendu
7. jeter, avoir jeté
8. courir, avoir couru
9. agir, avoir agi.

2

1. Ne pas marcher ... .
2. Ne pas applaudir ... .
3. Ne pas se séparer de ses bagages.
4. Ne jamais franchir ... .
5. Ne pas assourdir ... .
6. Ne pas donner ... .
7. Ne pas sortir ... .
8. Ne pas s'endormir ... .
9. Ne pas ouvrir ... .
10. Ne pas remplir ... .

3

A. 1. Il essaie de ne pas mentir.
2. Elle redoute de ne pas trouver de travail.
3. Je te conseille de ne pas trop réfléchir.
4. Ils continuent à ne rien ressentir.
5. J'ai peur de ne pas devenir le meilleur.

B. 1. Nous avons marché longtemps sans être fatigué(e)s.
2. J'ai demandé une augmentation de salaire sans l'obtenir.
3. Ses enfants lui obéissent sans discuter.
4. Tu sautes en parachute sans avoir peur.
5. Il travaillait vite sans poser de questions.

C. 1. Il a vieilli sans avoir changé.
2. Ils quittent le restaurant sans avoir payé.
3. Nous avons trouvé une chambre d'hôtel sans avoir réservé.
4. Elles sont arrivées sans avoir prévenu.
5. Il avait assisté à toute la discussion sans avoir ouvert la bouche.

VERBES DU 3e GROUPE
Infinitif présent et passé p. 153

1 A. 1. boire, avoir bu
2. disparaître, avoir disparu ou être disparu(e)(s)
3. comprendre, avoir compris
4. devoir, avoir dû
5. vivre, avoir vécu
6. peindre, avoir peint
7. plaire, avoir plu
8. pleuvoir, avoir plu
9. croire, avoir cru
10. naître, être né(e)(s)
11. recevoir, avoir reçu
12. pouvoir, avoir pu

B. 1. voir, avoir vu
2. savoir, avoir su
3. s'asseoir, s'être assis(e)(s)
4. suivre, avoir suivi
5. résoudre, avoir résolu
6. vouloir, avoir voulu
7. valoir, avoir valu
8. émouvoir, avoir ému
9. faire, avoir fait

C. 1. mettre, avoir mis
2. lire, avoir lu
3. se revoir, s'être revu(e)s
4. falloir, avoir fallu
5. croître, avoir crû
6. décevoir, avoir déçu
7. connaître, avoir connu
8. prédire, avoir prédit
9. craindre, avoir craint

D. 1. dire, avoir dit
2. apercevoir, avoir aperçu
3. apparaître, avoir apparu ou être apparu(e)(s)
4. prendre, avoir pris
5. coudre, avoir cousu
6. promettre, avoir promis
7. rire, avoir ri
8. traduire, avoir traduit
9. se taire, s'être tu(e)(s)

2 A. 1. Elle espère ne pas perdre son travail.
2. Je commence à ne pas commettre d'erreurs.
3. Tu continues à ne pas vouloir faire l'ascension de l'Everest.
4. Nous nous efforçons de ne pas faire de bruit.
5. Il est capable de ne pas dormir pendant vingt-quatre heures d'affilée.

B. 1. Tu lis un livre sans le comprendre.
2. Ils le jugeaient sans connaître son problème.
3. Vous me troublez sans le vouloir.
4. Il avait envie de progresser sans suivre aucun conseil.
5. Nous l'écoutions sans rien dire.

3 1. Après avoir longtemps dormi (dormi longtemps), après avoir ouvert les yeux, après avoir bu son café, après avoir mordu dans une pomme, après avoir mis ses vêtements, après avoir pris son sac, elle est sortie.
2. Après avoir couru le monde, après avoir connu l'amour, après avoir été heureux, après être devenu vieux, il se repose enfin.

4 1. Après être devenue blême, après avoir attendu, après avoir entendu « adieu », après n'avoir rien dit, après s'être tue, elle a disparu.
2. Après s'être vus, après s'être reconnus, après s'être rejoints, après s'être embrassés, après s'être aimés, ils se sont quittés.

LE PASSIF p. 155

1 A. 1. Je suis agacé(e), j'étais agacé(e) … .
2. Nous sommes gelé(e)s, nous étions gelé(e)s.
3. Ils sont suivis, ils étaient suivis … .
4. Vous êtes puni(e)(s), vous étiez puni(e)(s) … .
5. Tu es connu(e), tu étais connu(e) … .

B. 1. Cette maison a été achetée, avait été achetée … .
2. De nouvelles salles ont été ouvertes, avaient été ouvertes … .
3. Vous avez été séduit(e)(s), vous aviez été séduit(e)(s) … .
4. Je n'ai pas été soutenu(e), je n'avais pas été soutenu(e) … .
5. Tu as été interrompu(e), tu avais été interrompu(e) … .

C. 1. Un banquet sera offert, aura été offert … .
2. Je serai maintenu(e), j'aurai été maintenu(e) …
3. Tu seras défendu(e), tu auras été défendu(e) … .
4. Vous serez surpris(e)(s), vous aurez été surpris(e)(s) … .
5. Ils ne seront pas reconnus, ils n'auront pas été reconnus … .

D. 1. …, le sol fut couvert, eut été couvert … .
2. Ils furent vite reçus, ils eurent été vite reçus … .

3. Le résultat fut acquis, eut été acquis ... .
4. ..., tout fut détruit, eut été détruit.
5. Elle fut bientôt soustraite, elle eut bientôt été soustraite ... .

2
1. ..., soyez remerciés ...!
2. ..., ne sois pas vexé ...!
3. ..., soyez unis ...!
4. ..., ne sois pas vaincue ...!
5. ..., ne soyons pas découragés!

3
1. Ces petites villes ne sont pas desservies par le train.
2. Le gagnant du Loto était assailli de questions.
3. Vous avez été induit(e)(s) en erreur par un faux document.
4. M. Durand avait été démis de ses fonctions.
5. Les terroristes ont été soustraits à la colère de la foule.
6. Ma sœur est atteinte d'un cancer.
7. Cette lettre sera perçue comme une insulte.
8. Les banlieusards étaient astreints à de longs trajets.
9. Une peine très lourde aura été requise par le procureur général.
10. La nouvelle avait été démentie par le gouvernement.

4
1. Le nom du retardataire est inclus / était inclus / sera inclus / fut inclus / a été inclus / avait été inclus / aura été inclus au dernier moment.
2. Une valise est oubliée / était oubliée / sera oubliée / fut oubliée / a été oubliée / avait été oubliée /aura été oubliée dans la salle d'attente de l'aéroport.
3. Le journaliste est soumis / était soumis / sera soumis / fut soumis / a été soumis / avait été soumis / aura été soumis à des pressions intolérables.
4. La révolution de 1789 est exclue / était exclue / sera exclue / fut exclue / a été exclue / avait été exclue / aura été exclue du programme de l'examen.
5. Votre demande est rejetée / était rejetée / sera rejetée / fut rejetée / a été rejetée / avait été rejetée / aura été rejetée par le ministre.

5
1. Une usine a été détruite par une explosion la nuit dernière.
2. Un Boeing a été détourné par des pirates de l'air.
3. Le projet de loi a été adopté par l'Assemblée.
4. Un virus a été découvert par des chercheurs européens.
5. Un médiateur a été nommé au cours de la grève des transports.

LE PASSIF p. 157

1

A. 1. Il est normal que vous soyez accueilli(e)(s), que vous soyez bien soigné(e)(s).
Il est normal que vous ayez été accueilli(e)(s), que vous ayez été bien soigné(e)(s).
2. Il est dommage que je sois vaincu(e), que tu en sois déçu(e).
Il est dommage que j'aie été vaincu(e), que tu en aies été déçu(e).
3. Je doute que ces travaux soient bien menés, qu'ils soient finis correctement.
Je doute que ces travaux aient été bien menés, qu'ils aient été finis correctement
4. Je suis heureux que nous soyons réuni(e)s et que nous soyons associé(e)s au même projet.
Je suis heureux que nous ayons été réuni(e)s et que nous ayons été associé(e)s ...
5. Je ne pense pas que ce livre soit publié chez cet éditeur ni qu'il soit traduit.
Je ne pense pas que ce livre ait été publié chez cet éditeur ni qu'il ait été traduit.

B. 1. Tu voulais que la demande fût faite/eût été faite par écrit.
2. Il était rare que je fusse contraint(e)/eusse été contraint(e) à me taire.
3. Il était impossible que ce désastre fût voulu/eût été voulu.
4. Il se pouvait qu'ils fussent compromis/eussent été compromis avec lui.
5. Il ne fallait pas que nous fussions vu(e)s/eussions été vu(e)s ensemble.

C. 1. Votre culpabilité serait établie, vous seriez jeté(e)(s) en prison!
Votre culpabilité aurait été établie, vous auriez été jeté(e)(s) en prison!
2. Les pompiers seraient prévenus trop tard, nous ne serions pas secouru(e)s à temps.
Les pompiers auraient été prévenus trop tard, nous n'aurions pas été secouru(e)s à temps.
3. L'île ne serait pas atteinte par le cyclone, elle serait épargnée.
L'île n'aurait pas été atteinte par le cyclone, elle aurait été épargnée.
4. Ces mesures seraient étendues à tous, elles seraient bien comprises.
Ces mesures auraient été étendues à tous, elles auraient été bien comprises.
5. Tu serais pressenti(e) pour ce poste, je serais averti le premier.
Tu aurais été pressenti(e) pour ce poste, j'aurais été averti le premier.

2
1. … d'avoir été réveillée … .
2. … d'être élu … .
3. … d'être découverts … .
4. … être reproduite … .
5. … avoir été conclus … .
6. … être prise … .
7. … avoir été éblouie … .
8. … d'avoir été transmise … .
9. … être combattues … .
10. … avoir été circonscrit … .

3
1. La lettre étant cachetée, … .
2. Le vin ayant été mis en bouteilles …, … .
3. Ayant été aperçus dans une Jaguar, ils … .
4. Les laitues étant cueillies chaque matin, … .
5. Ayant été cuites au feu de bois, ces viandes sont délicieuses.

4
1. Émus par le récit du témoin et mus par un sentiment d'indulgence, les jurés …
2. Rendue célèbre par un film, poursuivie par les photographes, elle …
3. Voici l'édition revue et corrigée de ce livre.
4. Les promeneurs, surpris par l'orage et mal protégés, sont rentrés trempés.
5. Récemment admise dans l'équipe, choisie pour sa taille …, cette basketteuse … .

RÉVISION *des verbes au subjonctif, au conditionnel, à l'impératif, au participe et à l'infinitif* p. 158

1
A.
1. Il faut que je sois à l'heure.
2. Il faut que tu aies raison.
3. Il faut que nous y allions.
4. Il faut que vous changiez.
5. Il faut qu'elle parte.
6. Il faut qu'il revienne.
7. Il faut que tu réfléchisses.
8. Il faut qu'il se serve seul.
9. Il faut que je dorme.
10. Il faut que tu m'attendes.
11. Il faut qu'il prenne son bain.
12. Il faut que tu repeignes le salon.
13. Il faut que vous le connaissiez.
14. Il faut qu'elle réponde.
15. Il faut que nous résolvions cela.
16. Il faut que tu me le dises.
17. Il faut que je le fasse.
18. Il faut qu'il conduise mieux.
19. Il faut que nous te suivions.
20. Il faut que je boive de l'eau.
21. Il faut que tu le revoies.
22. Il faut qu'elle reçoive ce fax.
23. Il faut que tu saches tout.
24. Il faut que nous puissions parler.

B. « Je veux qu'il fasse …, qu'il apprenne …, qu'il devienne …, qu'il résolve …, qu'il côtoie …, qu'il connaisse …, qu'il meure … . »

C. « Je doute qu'il soit …, qu'il acquière …, qu'il parvienne … .
J'ai peur qu'il se conduise mal, qu'il suive …, qu'il choisisse …, qu'il ne plaise …, qu'il finisse mal et que personne ne puisse rien … . »

D. « Je veux
qu'il ait …,
qu'il allie …,
qu'il puisse diriger …,
qu'il conçoive, qu'il organise, qu'il anime, qu'il évalue …,
qu'il poursuive …,
qu'il sache développer … .
Je souhaite que notre entreprise devienne …, qu'elle réussisse …, qu'elle atteigne … . »

2
Arnold! Il faut que tu mettes …! … que tu fasses …, que tu passes …, que tu ranges … et que tu sortes … . Il faudra ensuite que tu viennes …, … que nous allions … et que nous l'accompagnions … .
Mais avant, je veux que tu étudies …, que tu les apprennes bien, il faut que tu les saches …!

p. 159

3
A. Je permets gentiment qu'on me mette mes souliers, …, qu'on me brosse et qu'on me lave, qu'on m'habille et qu'on me déshabille, qu'on me bichonne et qu'on me bouchonne. …

B. Ah, qu'on se souvienne de moi. Que l'on pleure, que l'on désespère.
Que l'on perpétue … . Que tout le monde connaisse … . Que tous la revivent. Que les écoliers et les savants n'aient pas … . Qu'on brûle …, qu'on détruise …, qu'on mette … . Que l'on apprenne … … .

4
1. … que tu n'aies pas raté ton avion, que tu aies pu dormir, et que tes amis t'aient accueilli(e)…
2. … avant que j'aie parlé, qu'il ait entendu …, que je lui aie dit la vérité ?
3. … que les voleurs aient ouvert cette porte, qu'ils aient franchi …, qu'ils aient suivi … .
4. Bien que tu sois resté(e) chez toi … .
5. … que tu aies été si compréhensif, que tu sois revenu …, que tu aies pris la peine … .
6. … à ce que nous ayons fait …, que nous ayons relu … et que nous ayons fini … .
7. Pourvu que Daniel ait su …, et qu'il ait réussi l'oral …!

8. … qu'elle m'ait écrit, qu'elle m'ait répondu … .
9. Bien que quelqu'un les ait avertis du danger et qu'ils aient fui, … .
10. … que tu sois monté(e) …, que tu aies parcouru … et que tu sois arrivé(e) …!

5
1. … qu'on les fît à sa place.
2. … que je lui connusse.
3. … que les nuages, la nuit, pussent éblouir.
4. … que Rivière la reçût.
5. … que la nuit les surprît en ces lieux.
6. … quoique Julien crût lire dans leurs yeux …
7. … que cet imbécile disparût du monde des vivants.

p. 160

6

Tu eusses été ravi, Brice,
que je t'écrivisse,
que je te le promisse
et que je partisse
avec toi.
Tu eusses été ému, Bruce,
que je te voulusse
et que je ne susse
ni que je ne pusse
me passer de toi.

Hélas, il fallut, Max,
que je te quittasse,
que je te laissasse,
que je m'en allasse
sans toi.

7
A. Quoiqu'il eût annoncé …
B. … avant que j'y eusse songé.
C. Sans qu'elle eût entendu …
D. …, quoiqu'il ne lui eût pas dit …

8
1. tu devras, tu devrais
2. nous courrons, nous courrions
3. il viendra, il viendrait
4. nous verrons, nous verrions
5. cela vaudra mieux, cela vaudrait mieux
6. ils sauront, ils sauraient
7. j'aurai, j'aurais
8. vous tiendrez, vous tiendriez
9. tu perdras, tu perdrais
10. je pourrai, je pourrais
11. il faudra, il faudrait
12. tu devras, tu devrais
13. elle ira, elle irait
14. ils essaieront, ils essaieraient
15. il fera, il ferait
16. tu voudras, tu voudrais
17. il pleuvra, il pleuvrait
18. elle partira, elle partirait
19. je rencontrerai, je rencontrerais
20. ils enverront, ils enverraient

9
A. Si elle avait une baguette magique,
 1. elle se rendrait …, elle prendrait …,
 2. elle mettrait des jours …,
 3. et enfin, elle atteindrait … .

B. 1. … elle ferait ?
 2. Elle coudrait, elle peindrait et elle attendrait … ?
 3. …il apparaîtrait …,
 4. il la séduirait,
 5. des enfants naîtraient et leur famille croîtrait.

C. 1. Les enfants apprendraient …,
 2. ils sauraient …,
 3. ils pourraient …,
 4. ils ne devraient jamais …,
 5. il ne leur faudrait jamais …,
 6. ils riraient …, ils s'émouvraient …,
 7. ils les suivraient …, puis ceux-ci disparaîtraient …
 8. et ils ne les verraient plus.

p. 161

D. 1. …, ils s'assiéraient (s'assoiraient) …
 2. et ils se tairaient … .
 3. Ils ne se plaindraient jamais, ils ne se battraient jamais.
 4. Ils ne voudraient pas quitter leur île, ils vivraient heureux.

10
A. Charlotte aimerait …, elle voudrait … . Peut-être qu'il pourrait … . …! Elle le soignerait, l'attendrait, elle s'occuperait …, ils partiraient …, elle ferait et déferait …, répondrait …, elle le laisserait …, … elle qui vivrait avec lui.

B. Ils décachetteraient …, ils ouvriraient … . Ils allumeraient … . Ils sortiraient. Leur travail ne les retiendrait … . Ils se retrouveraient … ; ils prendraient …, puis rentreraient … .

C. Cartaud l'emmènerait … . … . Elle me confierait une clé. … . J'irais … Je prendrais la valise et je la ramènerais … . … . Elle me téléphonerait … . Et quelle serait la réaction … quand il ne la retrouverait plus ? Eh bien, il ne pourrait jamais se douter … .

11
1. Est-ce qu'ils n'auraient pas compris …, est-ce qu'ils nous auraient attendu … ou bien est-ce qu'ils n'auraient pas reconnu … et se seraient perdus … ?
2. Qu'est-ce que tu aurais fait … ? Qu'est-ce que tu aurais dit … ? Est-ce que tu l'aurais reçu … ? Est-ce que tu aurais pu … ?

3. Est-ce qu'il aurait fallu … ? Est-ce qu'il aurait mieux valu … ou est-ce qu'il aurait suffi … ?
4. …, est-ce que j'aurais pris … ? Est-ce que, …, j'aurais craint … ? Est-ce que j'aurais rompu … et je me serais remise … ?
5. Est-ce que nous aurions dû … ? Est-ce que, ainsi, nous aurions conduit … ? Est-ce que nous aurions vaincu … ? Est-ce que nous aurions conclu … ?

12 A. Ils auraient aimé être riches. Ils croyaient qu'ils auraient su l'être. Ils auraient su s'habiller … . Ils auraient eu le tact, … . Ils auraient oublié …, auraient su … . Ils ne s'en seraient pas glorifiés. Ils l'auraient respirée. Leurs plaisirs auraient été intenses. Ils auraient aimé marcher, … . Ils auraient aimé vivre. Leur vie aurait été un art de vivre.

p. 162

B. … où l'on se serait échoué … . … serait né le rivage … . La terre tranquille aurait porté … . … Toutes les épaves … seraient devenues … .

C. … lorsque je l'aurais décidé moi-même.

13 A. 1. Donne ton avis, aide-moi!
2. Achète ce livre, lis-le, distrais-toi!
3. Méfie-toi d'eux, crains-les!

B. 1. Ne perdez pas de temps, ne m'attendez pas!
2. Ne lui répondez pas, ne l'appelez pas!
3. Ne croyez pas en lui, ne lui faites pas confiance!

C. 1. Prenons ces pulls, mettons-les dans la valise!
2. Suivons cet homme, observons-le discrètement!
3. Disons des bêtises, faisons des imprudences, vivons follement!

14
1. Ferme cette porte!
2. Ralentissez!
3. Rappelez-vous cela! (Souvenez-vous de cela!)
4. Arrêtez de rire! (Cessez de rire!)
5. Refusez tout!
6. Calme-toi!
7. Amusez-vous bien! (Distrayez-vous bien!)
8. Finissez vite! (Terminez vite!)
9. Libérez-le! (Délivrez-le!)
10. Restez! (Venez!)
11. Maigrissez!
12. Atterrissons!
13. Prends (Tiens) sa main!
14. Couds cette robe!
15. Éteins la lampe!
16. Tirez!
17. Vends!
18. Taisez-vous!

15
1. Profitez de la vie donc croquez-la à belles dents.
2. Soyez optimistes, craignez le pire.
3. Reviens, chéri, tu fais fausse route.
4. Montre-toi, beauté.
5. Écologistes du monde entier, sauvez la planète.

16 Mais voyagez ; regardez … . Montez en barque, éloignez-vous … . Traversez … et regardez … . Allez aux Indes, allez en Chine … .

p. 163

17
– Entrez, Madame, asseyez-vous (assoyez-vous), dites-moi … .
– Expliquez-moi … .
– Venez ici, déshabillez-vous, allongez-vous, ne respirez plus, faites Ah! Ne craignez rien, … . Décrivez-moi … .
– Détendez-vous, vivez tranquille, soyez rassurée, sachez … . Abstenez-vous …, résolvez-vous …, ne vous morfondez pas chez vous, apprenez … . Et si vous avez mal, prenez … .

18
1. Jouer : les joueurs jouant
2. chanter : les chanteurs chantant
3. danser : les danseurs dansant
4. coiffer : les coiffeurs coiffant
5. étudier : les étudiants étudiant
6. professer : les professeurs professant
7. travailler : les travailleurs travaillant
8. bâtir : les bâtisseurs bâtissant
9. détruire : les destructeurs détruisant
10. conduire : les conducteurs conduisant
11. patienter : les patients patientant
12. s'énerver : les nerveux s'énervant
13. dormir : les dormeurs dormant
14. mentir : les menteurs mentant
15. tricher : les tricheurs trichant
16. voler : les voleurs volant
17. juger : les juges jugeant
18. s'aimer : les amants s'aimant
19. naître : les bébés naissant
20. mourir : et les vieillards mourant… ainsi va la vie!

19 A. 1. Ne connaissant personne,
2. ne sachant où aller,
3. ne pouvant plus parler,
4. ne croyant plus à rien,
5. ne voulant rien,
6. ne désirant rien,
7. maudissant l'existence,
8. haïssant ton absence,
9. suivant mon destin,
10. n'attendant plus rien, je partis.

B. 1. S'abstenant de toute critique, … .
2. Son habileté palliant son manque d'imagination, … .
3. Virginie, alléguant de bonnes raisons, … .
4. Ses efforts s'avérant inutiles, … .
5. N'en démordant pas, … .

20
1. Ayant beaucoup marché,
2. ayant beaucoup pleuré,
3. ayant beaucoup donné,
4. mais n'ayant rien reçu,
5. ayant cru tout comprendre,
6. mais n'ayant rien compris,
7. ayant cru tout connaître,
8. mais n'ayant rien connu,
9. ayant espéré tout voir,
10. mais n'ayant pas tout vu,
11. s'étant efforcé de tout savoir,
12. mais n'ayant pas tout su,
13. ayant prétendu tout lire,
14. mais n'ayant pas tout lu,
15. ayant voulu écrire,
16. mais n'ayant rien écrit,
17. ayant voulu tout dire,
18. mais n'ayant pas tout dit,
19. ayant dû se taire,
20. mais ne s'étant pas tu,
21. ayant menti,
22. ayant trahi,
23. ayant haï,
24. ayant aimé, il a vécu.

p. 164

21
A. 1. Ne pas partir … .
2. Ne pas prendre …, mais suivre … .
3. Faire … et vérifier … .
4. Être prudents, respecter … .
5. Savoir que … .

B. 1. Ne buvez pas d'alcool …!
2. Attachez … et assurez-vous que …!
3. Asseyez (assoyez) …!
4. Ne tenez pas …, ne mettez pas …!
5. Jetez souvent … . Faites …!

22
A. 1. regretter — 5. lire
2. partir — 6. (s')inscrire
3. descendre — 7. naître
4. prendre — 8. pleuvoir

B. 1. ouvrir — 5. (se) distraire
2. boire — 6. (s') obscurcir
3. rompre — 7. mentir
4. décevoir — 8. obtenir

C. 1. dépendre — 5. poursuivre
2. confondre — 6. croire
3. peindre — 7. combattre
4. conclure — 8. abolir

23
1. Acquérir … — 6. Protéger …
2. Cultiver … — 7. Intervenir …
3. Découvrir … — 8. Améliorer …
4. Ne pas gaspiller … — 9. Construire …
5. Contribuer à … — 10. Ne pas fuir …

24
A. 1. noyer : Elle se noie dans un verre d'eau.
2. trahir : Je ne te trahirai jamais.
3. envahir : Les films X ont envahi le marché.
4. débattre : Les élèves et le professeur débattent de la violence à l'école.
5. salir : Les journaux à sensation salissaient sa réputation.
6. exclure : Cet homme avait été exclu de son parti.
7. prétendre : Est-ce que par hasard vous prétendriez être plus fort que moi ?
8. concourir : Cette publicité aura concouru à l'augmentation de nos ventes.

B. 1. valoir : Je ne crois pas que cela vaille la peine de nous disputer..
valoriser : Cette expérience a valorisé ses compétences.
2. soutenir : La Banque de France ayant soutenu le franc, il n'y aura pas de dévaluation.
3. prévenir : Il vaut mieux prévenir que guérir.
4. convaincre : J'étais convaincu de l'innocence du prévenu.
5. conquérir : Ils ont conquis la face Nord de l'Everest en un temps record.
6. accueillir : La Foire de Paris aurait accueilli 500.000 visiteurs.
7. contredire : Ses yeux contredisent ses paroles.
8. réduire : Il ne faudrait pas qu'on réduise l'importance de cette réforme.

C. 1. promouvoir : Il est dommage que tu n'aies pas été promu à un poste plus important.
2. satisfaire : Ce père a satisfait à toutes les exigences des ravisseurs de son enfant.
3. perdre : Il ne faut pas que je perde mon calme.
4. plaire : J'espère que ce programme vous plaira.
5. prédire : La météo ayant prédit une tempête, aucun bateau n'est sorti du port.
6. vouloir : Veuillez agréer, Monsieur, l'expression de mes meilleurs sentiments.
7. apparaître : Dès que les boutons sont apparus, la fièvre a baissé.
8. acquérir : Ayant acquis une bonne expérience de la vente, il a lancé sa propre entreprise.

D. 1. nuire : Son accent ridicule nuisait à sa distinction naturelle.
2. entrevoir : J'avais à peine entrevu Célestin, j'aurais aimé le voir longuement.
3. connaître : Nous ne connaissions pas le numéro de la porte d'entrée, nous avons dû repartir.
4. entretenir : Ils entretiennent de bonnes relations avec les pays voisins.
5. comprendre : Nous nous serions mieux compris si j'avais été plus précis.
6. résoudre : L'argent résout bien des problèmes.
7. plaindre : Comment veux-tu que je te plaigne, tout est de ta faute!
8. venir : Quelqu'un serait-il venu en notre absence ?

p. 165

 25

A. 1. Il se rappelait avoir été ..., avoir eu ... .
2. Est-ce que tu es sûr d'avoir donné ... ?
3. Je ne pense pas avoir fini ... .
4. Nous regrettons de ne pas être allé(e)s ... .
5. Est-ce que tu pourras être rentré(e) ... ?

B. 1. Tu es fou d'avoir bu ...!
2. Je suis désolé d'avoir fait ... .
3. Il pensait avoir tout dit, il croyait avoir répondu ...
4. Marion, est-ce que tu regrettes d'être partie ... ?
5. Elle est furieuse de l' avoir attendu ... .

C. 1. Ils ont de la chance d'être sortis ... .
2. Nous sommes ravis d'avoir reçu ... .
3. Ils semblent avoir vécu ... .
4. Tu n'es pas certain d'avoir écrit ..., ... de les avoir lus.
5. Est-ce que vous êtes content d'avoir pris ... .

D. 1. Après avoir dormi ... .
2. ... pour avoir commis ... .
3. ... de peur d'avoir mal compris.
4. Au lieu de t'être abstenu(e), ...
5. ... sans avoir vu ..., sans avoir pu ... .

26

1. Après être parvenu ..., après avoir vu ..., après s'être entretenu ..., après avoir vaincu ..., après avoir conquis ..., il est sorti le sourire aux lèvres.
2. Après être né..., après avoir grandi ..., après avoir mûri, après avoir cru ..., après avoir défendu ..., après avoir perdu ..., il s'est résolu à se taire.
3. Après s'être plaint ..., après avoir combattu ..., après avoir disparu ..., après avoir fait ..., il est rentré chez lui.
4. Après avoir choisi ..., après l'avoir cousu ..., après l'avoir essayé, après s'être admiré ..., il s'est senti fier de lui.

 27

A. 1. Visites interdites après 20 heures.
2. Entrée interdite.
3. Film interdit aux moins de 12 ans.
4. Jeux interdits.

B. 1. Chiens perdus sans collier.
2. Le temps perdu ne se rattrape pas.
3. Les illusions perdues.
4. Une journée perdue.

C. 1. Un chien battu.
2. Une femme battue.
3. Les yeux battus.
4. Des œufs battus.

p. 166

 28

A. 1. Chèques acceptés
2. Parole donnée
3. Terme échu
4. Magasin ouvert
5. Affaire classée

B. 1. Accord conclu
2. Lettre jointe
3. Avantages acquis
4. Places réservées
5. Volets clos

C. 1. Voyage organisé
2. Visites guidées
3. Tarifs réduits
4. Délais requis
5. Conduite accompagnée

D. 1. Train retardé
2. Baignade surveillée
3. Cheveux emmêlés
4. Joues creusées
5. Yeux cernés

E. 1. Bureaux fermés à 18 h.
2. Dessins animés
3. Bande dessinée
4. Rendez-vous pris

F. 1. Blessés secourus
2. Vêtements déchirés
3. Femme violée
4. Enfants adoptés

 29

A. À moitié dévêtue, les vêtements déchirés, l'air égaré, poursuivie par le remords, mue par le désespoir, elle errait dans les rues de la ville.

B. 1. un soldat a été inculpé par ...
2. la demande ... a été officiellement présentée par ...
3. un mémorandum ... vient d'être adressé aux députés.
4. de nouvelles sanctions ont été décidées par ...
5. un nouveau massacre a été révélé par les Nations Unies. Vingt cadavres ont été découverts ...
6. la désobéissance ... a été autorisée par ...
7. seize ex-parlementaires seront jugés ...

SOMMAIRE

(Les indications de pages entre parenthèses renvoient au livre de l'élève.)

SOMMAIRE

Imprimé en France par I.M.E. - 25110 Baume-les-Dames
Dépôt légal n° 31369-02/2003 - Collection n° 23 - Edition n° 04
15/5067/2